Le Dossier chinois

LE DOSSIER CHINOIS

PORTRAIT D'UN PAYS AU BORD DE L'ABÎME

le cherche midi

Vous pouvez consulter notre catalogue général
et l'annonce de nos prochaines parutions sur notre site :
www.cherche-midi.com

92, avenue de France
75013 Paris

Composition : Peter Vogelpoel
Dépôt légal : octobre 2022
ISBN 978-2-7491-7484-6

SOMMAIRE

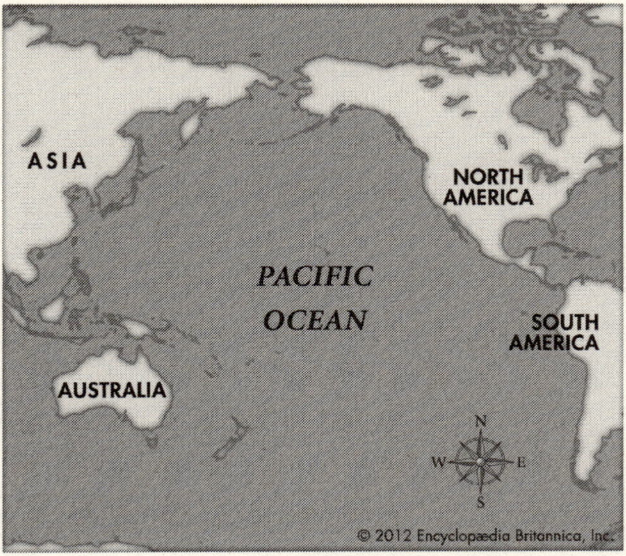
ASIA
NORTH AMERICA
PACIFIC OCEAN
SOUTH AMERICA
AUSTRALIA
N
W
E
S
© 2012 Encyclopædia Britannica, Inc.

Matsu Islands
CHINA
EAST CHINA SEA
Wuqiu
Kinmen (Quemoy)
Taiwan Strait
Tanshui
Keelung
TAIPEI
Taoyuan
Banqiao
Hsinchu
Neiwan
Chunan
Yilan
Suao
Miaoli
Yüanli
Fengyuan
Taichung
Changhua
Hsincheng
Hualien
Nantou
Touliu
Penghu (Pescadores)
Magong
Taiwan (Formosa)
TAIWAN
Chiayi
Yüli
Hsinying
Pescadores Channel
SOUTH CHINA SEA
Chengkungchen
Tainan
Chishan
Kangshan
Pingtung
Taitung
Kaohsiung
Fengshan
Fangliao
Tawu
PHILIPPINE SEA
Hengchun
Luzon Strait

PRÉFACE

« Lorsqu'on ouvre la fenêtre, l'air frais et les mouches entrent en même temps. »

Deng Xiaoping

En dix ans, Xi Jinping a transformé la Chine. Or, de son point de vue, cette transformation n'en est qu'à ses débuts. La « nouvelle ère » qu'il annonce lors du 19e Congrès du Parti communiste chinois, en octobre 2017, est conçue comme une rupture historique. Elle pose la vision d'une Chine leader à l'international, alors même que le refus de la quête du leadership était un élément constitutif de la pensée de Deng Xiaoping : « Ne jamais exercer le leadership » (决不当头). Dans son rapport de travail au congrès, Xi Jinping dit exactement l'inverse : à l'horizon 2050, la Chine doit être en position de « leadership international en matière d'influence et de puissance globale ». Le terme de « leadership », sacralisé au plus haut niveau du Parti, est un véritable leitmotiv des années Xi Jinping. Il se décline par secteurs économiques, des semi-conducteurs à la robotique. Il irrigue tous les débats qui ont lieu sur la capacité d'innovation du pays, depuis l'adoption de la nouvelle « stratégie de développement guidée par l'innovation » en 2016.

Xi Jinping met en place les fondements de cette transformation lors des deux dernières années du 18e Comité central du Parti, entre 2015 et 2017. Avec quoi rompt-il ? Avec deux périodes historiques d'une trentaine d'années chacune, depuis la fondation de la République populaire de Chine en 1949. Pendant la période maoïste, la Chine avait recouvré sa place d'État souverain dans le concert des nations, après une longue guerre civile, une guerre de résistance de huit ans contre l'invasion japonaise, et un statut de « semi-colonie », pour reprendre le terme maoïste, à l'issue des Traités inégaux du XIXe siècle. Pendant la période qui a vu se succéder Deng Xiaoping, Jiang Zemin et Hu Jintao, l'exigence de croissance économique a dominé toutes les politiques publiques ; la Chine est devenue la deuxième économie mondiale et a tiré des millions de Chinois de la pauvreté. En ouvrant une « nouvelle ère », Xi Jinping se positionne comme l'égal de Mao, et au-dessus du statut de Deng Xiaoping, que l'on présente rarement sans lui associer ses deux successeurs. Comme le souligne la résolution historique adoptée par le Parti à l'occasion du centième anniversaire de sa fondation, en juillet 2021 : « Les communistes chinois, avec le camarade Xi Jinping comme principal représentant, ont établi la « pensée Xi Jinping » sur le socialisme à la chinoise pour une nouvelle ère, sur la base d'une adaptation des fondements du marxisme aux réalités spécifiques de la Chine et à sa culture traditionnelle, tout en continuant de défendre la « pensée Mao Zedong », la théorie de Deng Xiaoping, la théorie des trois représentations, la perspective scientifique sur le développement, et en tirant les complets enseignements de l'expérience historique accumulée depuis la fondation du Parti, tout en procédant dans des réalités nouvelles. »

Le choix d'une accélération et d'un approfondissement considérables de la capacité de surveillance de l'État chinois – la construction d'un « État sécuritaire », pour reprendre la catégorie de Tai Ming Cheung – est évident à la fin du premier mandat de Xi Jinping, qui prépare ce grand tournant annoncé au congrès du Parti de 2017. Les lois sur les activités des ONG étrangères en Chine, sur le renseignement national, sur la cybersécurité – pour ne citer que ces trois textes qui, chacun, appréhendent les interactions avec le monde extérieur sous l'angle des risques de sécurité nationale – sont toutes promulguées avant le congrès de 2017. La lutte contre les influences étrangères a toujours été au cœur de l'action du Parti. Au tournant des années 1980 et 1990, et dans le sillage de la répression des manifestations de Pékin au printemps 1989, le Parti parle de « contre-révolution pacifique » : il s'agit d'empêcher la pénétration du pays par les valeurs démocratiques et libérales, que fait craindre l'ouverture économique. Comme le dit alors Deng Xiaoping, « lorsqu'on ouvre la fenêtre, l'air frais et les mouches entrent en même temps ». C'est en 1997 que la Chine lance les premières mesures de ce qui deviendra le « Grand Pare-feu », qui censure l'accès à de nombreux sites d'information. Au moment du Printemps arabe, le Parti parle de « néo-interventionnisme occidental » pour qualifier les « révolutions de couleur ».

Les efforts de Xi Jinping pour construire un filet de protection quasiment impénétrable sont couronnés de succès, si bien qu'on parle aujourd'hui bien moins d'influence des valeurs démocratiques en Chine que d'influence des valeurs autoritaires dans les démocraties occidentales. Xi est l'artisan de ce grand retournement, qu'il opère avec fermeté et brutalité. La transformation de la lutte légitime contre le risque terroriste au Xinjiang en incarcérations préventives de masse, en criminalisation des activités religieuses et sociales les plus bénignes et en politique de stérilisation forcée porte son empreinte personnelle. Elle succède à la campagne contre les avocats défenseurs des droits de l'homme – la campagne dite « 709 », du fait de son début le 9 juillet 2015, qui sonne pratiquement le glas d'une profession représentant un espoir pour la protection des individus contre les abus de l'appareil d'État. Et, bien sûr, le deuxième mandat de Xi Jinping, à la tête du 19e Comité central, est marqué par son choix d'accélérer l'intégration de Hong Kong comme ville normale au sein de la république populaire, mettant fin à l'expérience « un pays, deux systèmes », malgré les engagements pris lors de la déclaration conjointe sino-britannique de 1997. Le Xinjiang, les juristes des droits de l'homme, les manifestants pro-démocratie de Hong Kong : trois victoires sans partage de l'appareil de sécurité d'État contre la société civile, trois victoires obtenues par l'emploi de la force.

Alors que le parti communiste s'apprête à tenir son 20e Congrès et à sélectionner de nouvelles instances dirigeantes – comité central, bureau politique et son comité permanent – sous le leadership de Xi, c'est bien la grande question pour la Chine d'aujourd'hui et de demain : le rapport de force entre l'État et la société est-il irrémédiablement en faveur de l'État à l'heure de la surveillance permise par la transformation numérique ? Cette interrogation est l'un des principaux fils directeurs de l'ouvrage dirigé par Pierre-Antoine Donnet, qui oscille entre le constat qu'en fait Alain Wang, la description des méthodes sans concession utilisées pour éliminer les éléments perturbateurs de la société, et l'idée forte selon laquelle la chape de plomb pèse bien trop sur la société chinoise pour ne pas s'affaisser sous son propre poids.

Cette vision qu'a Xi Jinping d'une « sécurité nationale totale » a pour matrice la sécurité politique du régime. On le sait, Xi Jinping est animé d'une foi en la victoire du « socialisme à la chinoise » contre les systèmes démocratiques. Il pratique la politique intérieure, comme la politique internationale, autour d'une culture de la « lutte » (斗争), l'un des termes qu'il emploie le plus dans ses discours – et qui constitue une variation sur la lutte des classes et une forme de prolongation, au XXIe siècle, de la méthode d'analyse du matérialisme dialectique marxiste. Sur le plan intérieur comme sur le plan international, l'État chinois opère avec une conscience aiguë de l'importance pour lui de détenir la supériorité en matière d'information. À l'intérieur, cette exigence se traduit surtout par la volonté d'empêcher la compréhension de la Chine par le monde extérieur, en fermant petit à petit le pays aux journalistes et aux chercheurs. À l'inverse, comme le montre le chapitre de Roger Faligot, la Chine renforce à l'international les capacités de ses services de renseignement (même affaiblis par la crise sanitaire), et procède à de véritables choix politiques quant à leurs interlocuteurs privilégiés dans les zones de guerre – ainsi en Afghanistan, où le dialogue avec les talibans ne cesse jamais. Sur les deux plans, la surveillance est aussi une incroyable opportunité économique pour les entreprises chinoises, de la reconnaissance biométrique aux matériels de police.

Cet État-surveillance en quête de leadership et d'innovation ne nous apparaît-il pas sous un prisme qui déforme la réalité de sa société, maintenant que celle-ci devient de moins en moins accessible, au-delà même des restrictions liées à la politique de « zéro Covid » ? Contrairement à la Russie, la Chine de Xi Jinping n'est pas un bastion messianique du conservatisme social. Il existe dans la société chinoise un mélange de tolérance, d'individualisme et de discrétion des individus sur leurs choix et préférences qui construit un grand espace de liberté individuelle, nourri par le consumérisme. Le chapitre de Tamara Lui sur la place des femmes dans la société chinoise est cependant riche d'enseignements sur certaines tendances qui émergent, et d'autres qui persistent. Les femmes demeurent exclues de la décision politique, comme ailleurs en Asie du Nord-Est, au Japon et en Corée du Sud. Mais des réalités contraires coexistent. D'une part, les déséquilibres entre le nombre d'hommes et de femmes font se perpétuer des pratiques mafieuses d'enlèvement de femmes en vue de mariages forcés. De l'autre, les jeunes urbaines peuvent choisir une vie de célibataire consacrée à leur vie professionnelle et à la consommation, et le discours sur les enfants comme fardeau, très courant dans les classes moyennes urbaines, est assez saisissant et ne correspond en rien à une société conservatrice centrée sur la famille et la piété filiale.

La Chine conquérante de Xi Jinping peut-elle parvenir à ses objectifs ? C'est le deuxième fil conducteur de cet ouvrage, dont le ton général exprime un grand scepticisme quant à un possible succès de cette « nouvelle ère ». La question est absolument cruciale, car elle porte sur le futur de l'ordre international et sur la possibilité d'une paix durable en Asie. La Chine de Xi Jinping a créé contre elle les fondements d'une grande coalition de résistance à ses projets révisionnistes, des États-Unis au Japon, en passant par l'Australie, l'Europe et l'Inde. Cette coalition n'est pas constituée, et comprend de nombreux maillons faibles, mais elle ne cesse de s'épanouir. Elle se nourrit de la dramatique détérioration de l'image de la Chine dans le monde. Les opinions négatives à l'égard de la Chine, suivies par le Pew Research Center, ont atteint en 2022 des taux historiques : 97 % au Japon, 96 % en Australie, 93 % en Suède, 75 % et 74 % en France et en Allemagne. Parmi les grands pays industrialisés, seuls Singapour et la Malaisie se démarquent de cette hostilité générale aux grandes orientations politiques de Xi Jinping. Au cœur de cette transformation, il y a bien sûr la prise de conscience américaine que la Chine est entrée dans une nouvelle phase historique de transformation de l'ordre international.

La Chine n'a pas encore fait le choix d'une confrontation ouverte pour refaçonner l'Asie orientale et, au-delà, l'Indopacifique. Le grand test se trouve dans le détroit de Taïwan, qui pourrait devenir la priorité d'un troisième mandat de Xi. Le risque de guerre entre 2022 et 2027, que les plus optimistes, surtout dans les milieux financiers, disaient très faible en raison des immenses intérêts économiques en jeu et du coût exorbitant qu'une telle aventure impliquerait, est aujourd'hui perçu en dehors de Chine comme élevé. Le principal facteur de paix est la crédibilité de la dissuasion américano-taïwanaise, de plus en plus appuyée par une posture japonaise et australienne qui suggère une implication fort probable de ces deux puissances en cas de conflit. La guerre russe en Ukraine jette une lumière nouvelle et crue sur les dynamiques à l'œuvre dans la grande stratégie chinoise. Le soutien de la Chine pour cette guerre repose sur un socle profond : une vision commune d'un ordre international dominé par les États-Unis, la perception d'intérêts de sécurité fondamentaux bafoués par l'expansionnisme des États-Unis et de l'OTAN, et une compréhension proche de celle de la Russie des éléments d'identité nationale en jeu en Ukraine et à Taïwan, sous la forme d'un irrédentisme commun. Mais l'impérialisme chinois est tempéré par un principe de réalité et par une conception étroite et prudente des intérêts nationaux du pays. Ainsi, la Chine reste pour l'heure très modérée dans le soutien matériel à la Russie, afin de ne pas prendre le risque de s'exposer à des sanctions. Et la résistance héroïque de l'Ukraine démontre à la Chine que les sociétés démocratiques n'ont pas vocation à capituler immédiatement. Cette résistance affaiblit son scénario idéal d'une *Blitzkrieg* contre Taïwan qui amènerait une unification politique avant même que les États-Unis aient le temps d'intervenir. Le défi taïwanais est un immense risque géopolitique qui pèse sur l'avenir de l'Asie orientale, et dont le dénouement tiendra beaucoup aux décisions prises à Pékin, au goût de Xi Jinping pour le risque et à son évaluation des coûts et des bénéfices possibles – un dernier élément qu'il est aujourd'hui très difficile de mesurer, ou d'anticiper. En revanche, il est clair que la possibilité d'une unification pacifique à l'issue de négociations respectueuses sur un pied d'égalité s'est évanouie pour très longtemps en raison de la destruction de la formule « un pays, deux systèmes » à Hong Kong – formule à laquelle les Taïwanais ne croyaient déjà pas, et la réalité leur a donné raison.

La « lutte » de Xi Jinping à l'international dépendra de sa perception des rapports de force et d'un calcul sur une possible fenêtre d'opportunité qui s'ouvrirait, par exemple au cas où une administration isolationniste s'emparerait du pouvoir à Washington. Cet ouvrage souligne les importantes vulnérabilités du modèle chinois : fardeau démographique, épuisement du potentiel de croissance lié à l'urbanisation, gestion risquée de la dette des gouvernements locaux, difficultés du rattrapage technologique inhérentes aux restrictions d'accès aux technologies étrangères, et qui ne cessent de se renforcer sous l'égide des États-Unis. Les prévisions de croissance du pays en 2022, dans le contexte de la politique de « zéro Covid », sont pour la plupart en dessous de 4 %, alors que la cible officielle chinoise est à 5,5 %. Ce déclin structurel du taux de croissance n'empêchera pas la Chine de devenir la première économie mondiale, comme le démontre Hubert Testard dans ces pages, mais la primauté du politique sur l'économique, signature des années Xi Jinping, pose véritablement question, et bien au-delà des intérêts des entreprises étrangères. Que des secteurs entiers d'activité, comme l'éducation privée, puissent être annihilés par une décision politique montre bien que personne n'est à l'abri dans la Chine de Xi Jinping – une réalité qui s'applique avant tout aux acteurs économiques chinois eux-mêmes.

Nul autre domaine des politiques publiques n'est autant à l'intersection de ces enjeux que l'effort chinois pour mettre fin à la crise environnementale subie par nombre de ses villes et régions. Elle est d'abord objet d'affirmation de la société civile, qui se heurte à l'intransigeance du régime envers toute action politique organisée et structurée « en dehors du système » (体制外). Mais l'État n'en agit pas moins, et peut faire valoir des résultats parfois rapides, comme la diminution de la pollution atmosphérique à Pékin, capitale sujette à des crises d'« airpocalypse » il y a encore quelques années, comme le souligne Valérie Niquet. L'innovation verte et les succès industriels de la Chine dans la production de panneaux solaires et dans l'éolien soulignent l'importance stratégique de la transformation écologique pour la création d'emplois et de richesses. Mais la Chine parvient mal à abandonner son addiction au charbon, et a dû faire marche arrière en 2021, la logique économique prenant le pas sur ses ambitions. La coopération dans la lutte contre le changement climatique peut-elle s'affirmer comme un intérêt commun des grandes puissances, à même de tempérer leurs rivalités et de modérer les risques de confrontation ? Il n'y a pour l'instant aucun signe que la Chine de Xi Jinping perçoive le dossier climatique sous cet angle. Pour les pays européens, l'urgence climatique suffit à justifier une exigence d'engagement auprès de la Chine, malgré les désaccords croissants et les divergences, et malgré les grandes difficultés à obtenir des résultats diplomatiques.

À l'approche du 20e Congrès du Parti, les futurs choix politiques de Xi Jinping seront donc lourds de conséquences pour le monde entier, mais ce monde aura de moins en moins de prise sur leur nature et leur direction. L'ambition de transformer l'ordre international est à nu pour qui veut bien la regarder avec lucidité, mais il n'est pas certain que la Chine ait les capacités d'y parvenir – de cette incertitude naît l'un des principaux dangers de cette « nouvelle ère ».

Mathieu Duchâtel, directeur du programme Asie
à l'institut Montaigne

AVANT-PROPOS

La Chine de Xi Jinping, un virage vers le vide ?

Cet ouvrage entend tracer un portrait réaliste de la Chine d'aujourd'hui. Sans forcer le trait, sans jamais céder à l'angélisme non plus. Ce livre n'est pas un pamphlet, reposant sur une thèse sommaire ou définitive. Chacun des contributeurs a pris soin de garder le sens de la mesure, de conserver une distance avec l'immédiat, de ne pas céder à l'émotion qui mène à l'excès. Cela afin de traduire aussi fidèlement que possible ce qui se passe dans ce pays.

En Chine, 1,4 milliard d'habitants mangent certes à leur faim, une première depuis le tout début des années 1960. La classe moyenne y mène une vie décente. Mais de plus en plus d'habitants se posent des questions sur le chemin emprunté par leur pays placé sous la houlette d'un homme secret et tout-puissant qui s'entoure d'une garde rapprochée fidèle et d'un culte de la personnalité extravagant rappelant à bien des égards celui de Mao Zedong.

Cette dérive est inquiétante aussi pour le reste du monde, car la Chine a pesé, pèse et pèsera lourdement sur le destin de la planète, que ce soit en matière de changement climatique ou de retombées politiques et idéologiques. Dans l'observation de la Chine d'aujourd'hui, le monde puisera à n'en pas douter des enseignements sur les choix qu'il sera amené à faire dans les années à venir. Nous espérons que les lecteurs de ces pages y trouveront également quelques pistes de réflexion.

Les faits avant tout. Voilà ce qui nous a d'abord guidés. Ensuite vient l'analyse, froide et néanmoins empreinte de passion. Car nous tous, les six contributeurs de cet ouvrage, nous aimons la Chine, pays dont nous sommes proches, mais aussi, il faut bien le constater, éloignés. En raison des événements dramatiques et terrifiants que nous observons et qui ne nous permettent plus guère d'aller à la rencontre de ces Chinois qui, pour l'immense majorité, ne sont plus maîtres de leur destin.

Destin qui nous semble à la fois tragique et rempli d'espérance. Car nous pensons que, contrairement à ce qu'a affirmé le philosophe japonais Francis Fukuyama, pour qui la fin de la guerre froide marque la victoire idéologique de la démocratie et du libéralisme et donc la fin de l'histoire, celle-ci n'est pas finie. C'est même tout le contraire : cette histoire, bien entendu, ne cesse d'évoluer.

Mais il reste qu'aujourd'hui elle est confrontée à l'inconnu. Un inconnu dont nous nous efforçons pourtant d'explorer les lendemains et leur signification pour ce peuple et le reste du monde.

Ce livre est le fruit d'un travail collectif mais aussi personnel. Chaque chapitre est signé par son auteur et n'engage donc que lui. Il existe entre nous des approches différentes, mais pour autant non divergentes sur cette Chine qui nous plonge dans un profond désarroi, sinon même une tristesse infinie.

Ces différences nous rapprochent aussi autour d'un constat commun : celui d'une très profonde inquiétude sur l'avenir de ce grand pays au bord de l'abîme. Va-t-il y sombrer ? Certains d'entre nous le pensent. D'autres en sont moins sûrs. Comment trancher dans un pays où une poignée d'hommes, les sept membres du Comité permanent du Bureau politique du Comité central du Parti communiste chinois, prend toutes les grandes décisions stratégiques.

Le premier d'entre eux est Xi Jinping, qui concentre quasiment tous les pouvoirs. Quels choix fera-t-il dans les années qui viennent ? Privilégiera-t-il l'intérêt du peuple chinois avant le sien ? C'est une question lancinante que nous nous posons, car elle est vitale pour la Chine, mais aussi, dans une certaine mesure, pour le reste du monde.

Ce livre s'attache, en six chapitres, à présenter un état des lieux de la Chine sur les plans géopolitique, politique, économique, démographique, sécuritaire et social. Y sont expliqués les grands sujets que sont la place de la Chine dans le monde, les défis redoutables en matière économique, la place des femmes dans la société, la surveillance de la population, la responsabilité de la Chine dans le changement climatique et les interrogations que suscitent chez une partie de la population chinoise les orientations politiques du pays depuis l'arrivée au pouvoir de Xi Jinping.

Pierre-Antoine Donnet

« POUR SURVIVRE, LE PARTI COMMUNISTE CHINOIS APPLIQUE DES MÉTHODES RADICALES. LE MENSONGE, L'INTERNEMENT DES OPPOSANTS, MAIS AUSSI LEUR DISPARITION PURE ET SIMPLE. NOMBRE D'ARTISTES, D'INTELLECTUELS, DE SPORTIFS QUITTENT UN JOUR LA SCÈNE PUBLIQUE POUR NE PLUS JAMAIS RÉAPPARAÎTRE. »

CHAPITRE 1
La politique de la terreur

Par Pierre-Antoine Donnet,
ancien rédacteur en chef central de l'AFP,
spécialiste de l'Asie, auteur de Tibet mort ou vif
et de Chine, le grand prédateur.

Un régime communiste en bout de course ?

On le voit bien aujourd'hui : la politique du « zéro Covid » imposée par le président chinois à son peuple jusque-là docile se solde par un fiasco retentissant. Elle crée une situation de tension extrême. Ces mois de confinement de centaines de millions de Chinois dans des mégalopoles telles que Xi'an, Shanghai, Pékin et dans une quarantaine d'autres grandes villes chinoises ont suscité une forte colère des habitants. Beaucoup ont été séparés de leurs enfants et même de leurs bébés en cas de tests positifs. Des femmes enceintes ont été refusées dans les hôpitaux et ont dû accoucher en pleine rue, parfois d'un bébé mort-né. Des vidéos sur les réseaux sociaux chinois, rapidement censurées, montraient des scènes incroyables d'habitants de Shanghai hurlant leur désespoir, certains allant même jusqu'à proférer des propos hostiles au parti communiste et à son maître Xi Jinping. Les sbires du régime n'hésitaient pas à enfoncer les portes des appartements, en cas de refus d'obtempérer. Jamais la surveillance de la population chinoise n'a été aussi intense. Alors, pourquoi le président Xi Jinping n'a-t-il pas songé un seul instant à abandonner cette politique stupide et dangereuse ? Tout simplement parce que la règle non écrite veut que le Parti ne se trompe jamais. Or, si le chef de l'État chinois décidait de renoncer à cette politique, ce serait là un aveu, chose absolument insupportable, car elle le priverait de toute crédibilité aux yeux de l'élite du Parti. De toute façon, le Parti ne cesse de réécrire l'Histoire afin de faire disparaître de la mémoire collective les événements tragiques tels que le Grand Bond en avant, la Révolution culturelle où le massacre de la place Tiananmen. Si bien que, pour la grande majorité des jeunes Chinois, ces événements n'ont jamais existé. Et de ce fait, voilà le Parti exonéré de toutes ses fautes.

Les valeurs universelles n'ont plus aucun droit de cité en Chine. L'ont-elles d'ailleurs jamais eu ? Elles sont rejetées, réfutées, niées. Si bien que la Chine est devenue le pays d'une pensée unique : la « pensée Xi Jinping ». Elle est désormais enseignée jusque dans les écoles primaires. Le

Parti décide de toutes les activités du pays. Il prend toutes les décisions stratégiques. Les journalistes doivent tous lui déclarer leur fidélité absolue, ainsi qu'évidemment à son maître. Les chefs d'entreprises, qu'elles soient publiques ou privées, doivent faire de même. Idem pour le personnel enseignant, tout comme pour les juges et les avocats. Les religions sont combattues, que ce soit la chrétienté, l'islam, le bouddhisme ou le taoïsme. L'unique culte autorisé et d'ailleurs encouragé est la religion Xi Jinping. Le Parti, avait-il dit il y a quelques années, « gouverne tout, du nord au sud, d'est en ouest et aussi au centre ». L'idiome est maintenant connu : Xi Jinping est « le président de tout ». Il en arrive à prendre le contrôle de vos pensées. Si bien que les Chinois n'ont plus à s'embarrasser de réfléchir, puisque le chef suprême le fait pour eux. Dans cette Chine terrifiante où l'unique choix de ses habitants est celui de consommer, on en arrive à se demander si le pays n'est pas en train de basculer dans le fascisme.

Joe Biden a récemment révélé qu'après son élection à la Maison-Blanche Xi Jinping lui avait dit, dans son message de félicitations, que les démocraties étaient toutes en déclin et qu'un jour « les autocraties gouverneront le monde ». Le 27 mai 2022, prenant la parole devant les cadets de l'Académie navale des États-Unis, à Annapolis (Maryland), le président américain a évoqué cet échange pour en tirer quelques conclusions : « Nous vivons dans une lutte globale entre les régimes autocrates et les démocraties. J'ai rencontré Xi Jinping plus souvent qu'aucun autre dirigeant mondial ne l'a fait (…). Lorsqu'il m'a appelé au téléphone pour me féliciter, il m'a dit ce qu'il avait déjà dit très souvent. Il a dit que les démocraties ne pourront pas survivre au cours du XXIe siècle et que ce sont les autocraties qui prendront les commandes de la planète. Pourquoi ? "Car les choses changent tellement rapidement. Les démocraties ont besoin d'un consensus et vous n'avez plus le temps", m'a-t-il répondu. Mais Xi a tort. Chacun d'entre vous, lorsque vous irez à la rencontre du monde, non seulement vous serez fiers d'être membre des forces armées des États-Unis d'Amérique, mais vous serez les représentants et les défenseurs de notre démocratie. »

Fin mai 2022, le Premier ministre chinois Li Keqiang est, à la surprise générale, réapparu après plusieurs mois de silence. Lors d'une réunion de plus de 100 000 membres du Parti, le chef du gouvernement a pris la parole, sans porter de masque, comme pour exprimer son désaccord avec la politique du « zéro Covid ». Or, fait très étrange, Xi Jinping n'était pas présent à ce meeting, laissant penser qu'il pourrait exister bel et bien un affrontement au sommet du Parti. Il était devenu évident que Li Keqiang avait, depuis plusieurs mois, pris ses distances avec le maître de la Chine, mettant en avant l'importance de l'économie, qui devait rester une priorité. Pendant cette réunion, il n'a fait aucune mention de la politique du « zéro Covid », appelant en revanche les cadres du Parti à mettre l'accent sur la croissance. Nombre d'experts de la Chine ont vu dans ce discours une « contradiction totale » entre les deux hommes et l'expression d'un désaccord profond au sommet du Parti. Pour Daniel Kate, grand reporter à l'agence Bloomberg, une question se pose : « Qui est vraiment chargé du pays désormais ? »

Pour Palki Sharma, une responsable du média indien WION, « la Chine redoute d'entrer en récession » avec des résultats économiques pires qu'au début de la pandémie en janvier 2020. L'objectif officiel de croissance économique est fixé à 5,5 % en 2022. Or, pour de nombreux spécialistes occidentaux de l'économie chinoise, le PIB chinois ne devrait pas dépasser 4 %, soit la pire croissance jamais enregistrée depuis la Révolution culturelle. « Nous devons nous efforcer de parvenir à une croissance économique solide au second trimestre. Nous sommes loin de réussir une croissance de 5,5 %, nous devons néanmoins y parvenir », a expliqué le Premier ministre chinois. « Mais les difficultés dans certaines zones sont telles qu'elles dépassent celles enregistrées lors du grave choc créé par la pandémie en 2020 », a-t-il reconnu. La Chine, a-t-il poursuivi, va rencontrer « d'énormes problèmes » si la récolte de céréales est moins bonne que prévu pendant l'été. Pourtant, Xi Jinping n'est certainement pas en danger. Au contraire même, l'apparition surprise de Li Keqiang, dont la fonction première a toujours été l'économie et non la politique, pourrait simplement illustrer la recherche d'un compromis entre les deux hommes, le Premier ministre acceptant de renouveler son soutien à son mentor en échange de la promesse de conserver son rang. Car le Parti communiste chinois est plus que jamais un lieu de pouvoir trouble dans lequel les arrangements et la violence règnent.

Une corruption endémique

Le Parti est en effet gangrené par la corruption à un point tel que ce phénomène engendre la colère des citoyens. Celui qui a le mieux expliqué cette descente aux enfers est sans doute Desmond Shum. Dans un livre intitulé *La Roulette chinoise*, paru début 2022, il relate comment il a longtemps cru aux bienfaits du socialisme à la chinoise, pour découvrir progressivement l'ampleur de la gabegie au plus haut niveau des élites communistes. Son ex-épouse, Whitney Duan, témoin privilégié de cette malhonnêteté du pouvoir, a disparu pendant quatre ans pour réapparaître à l'été 2021 et le supplier au téléphone de ne pas publier son livre. Il a refusé. Depuis, plus aucune nouvelle d'elle. Dans son ouvrage, publié aux éditions Saint-Simon, l'auteur décrit avec une précision chirurgicale, en 268 pages, un univers de passe-droits, de privilèges et de luxe réservés à l'élite communiste chinoise. Shum va de surprise en amère désillusion, jusqu'à en perdre sa femme, qui finit par demander le divorce. Né à Shanghai en 1968, Desmond Shum émigre avec ses parents à Hong Kong puis étudie aux États-Unis, à l'université du Wisconsin. À son retour en Chine, il rencontre sa future épouse, qui deviendra une des femmes les plus riches de Chine. Aujourd'hui, l'auteur vit au Royaume-Uni avec leur fils de 11 ans. Au fil des pages, le lecteur non averti découvre avec stupeur et effroi l'emprise du Parti communiste chinois sur la population et l'ascension fulgurante de Xi Jinping.

La disparition de son épouse, écrit Desmond Shum, « a cimenté [son] opinion sur la Chine. J'ai été élevé dans l'amour du pays. Le patriotisme m'est donc naturel, comme il l'est à beaucoup de ceux de ma génération. Depuis l'époque où je dévorais des bandes dessinées détaillant les exploits des héros communistes, je me suis inconsciemment engagé dans la cause de la supériorité de la Chine. (...) Mais quel type de système permet de procéder à des kidnappings extrajudiciaires comme celui de Whitney Duan ? » interroge l'auteur. « Quel type de système donne aux enquêteurs le droit de faire disparaître des personnes sans en informer leur famille ? Il va de soi que Whitney manque à son fils Ariston, mais ce qui nous torture le plus, lui et nous tous, c'est de ne pas savoir ce qui lui est arrivé. Où est Whitney ? Est-elle au moins en vie ? »

Après son mariage, Desmond Shum découvre que parmi les relations de Whitney figure l'épouse du vice-Premier ministre Wen Jiabao, bientôt promu à la tête du gouvernement chinois, devenant ainsi le deuxième homme le plus puissant de la Chine. D'un coup, Shum réalise la perversité ambiante au sein de l'élite chinoise. Bien des dirigeants entretiennent des liens avec des maîtresses, parfois plusieurs dizaines, dépensant pour elles des quantités d'argent public considérables. D'autres engloutissent des sommes faramineuses en une nuit, rongés par la passion du jeu. Il met aussi le doigt sur les accords secrets permettant aux familles de l'aristocratie communiste de faire des affaires et de prospérer grâce à leurs liens avec l'administration. Un jour, il comprend que même la famille de Deng Xiaoping s'est enrichie de la sorte. Pour satisfaire les appétits des personnes à soudoyer, l'argent coule à flots.

Puis vient la campagne contre la corruption lancée par Xi Jinping peu après son arrivée au pouvoir en 2012. Celle-ci reçoit évidemment le soutien immédiat du peuple chinois. Mais, pour le nouveau maître de Pékin, l'objectif premier était de se débarrasser de ses rivaux. L'histoire du couple Shum se termine de façon tragique. Le 25 octobre 2012, le *New York Times* publie un article sur l'étendue de la corruption dans le pays. Au vingtième paragraphe apparaît le nom chinois de Whitney. Cet article secoue le parti communiste comme un tremblement de terre. D'autres publications de la presse américaine révèlent des détails accablants. Ces informations précipitent la fin de la relation entre Desmond Shum et son épouse qui, en août 2014, demande le divorce. Le 3 septembre 2021, deux articles paraissent dans la presse économique américaine. L'un, dans le *Financial Times*, intitulé « Disparition mystérieuse d'une femme liée à l'aristocratie rouge chinoise »; l'autre, du *Wall Street Journal*, « Un récit de première main sur le mépris de l'appareil chinois pour ses entrepreneurs "jetables" ». Leur publication déclenche le lancement de ce livre. « Dès leur plus jeune âge, souligne Desmond Shum, les Chinois sont montés les uns contre les autres dans une course de rats dont on les persuade que seuls les meilleurs survivront. On ne nous enseigne pas à coopérer ni à faire preuve d'esprit d'équipe. Au contraire, nous apprenons à diviser le monde en ennemis et en complices, et à comprendre que les alliances sont temporaires, que personne n'est irremplaçable. Nous sommes formés à dénoncer nos parents, nos professeurs et nos amis pour peu que le Parti nous le demande. On nous laisse entendre que ce qui compte, c'est de gagner, et que seuls les nuls souffrent de scrupules moraux. Telle est la principale force qui a maintenu le PCC au pouvoir depuis 1949. Machiavel se serait senti chez lui en Chine, où nous apprenons dès le plus jeune âge que la fin justifie les moyens. Sous la férule du Parti, la Chine est devenue un pays sans cœur. » L'ouvrage s'achève par ces mots : « À mesure que de plus en plus de gens cherchent à soulever le rideau pour découvrir la vraie nature du PCC, la façon dont les choses se font, l'identité des gros bonnets et le fonctionnement du système, ils se forgent une opinion sur ce qu'est véritablement une Chine dirigée par le parti communiste. Grâce à cela, les sociétés démocratiques finiront par trouver, du moins je l'espère, comment se comporter avec un régime qui ne vise qu'un seul objectif : défier l'ordre mondial. »

Un autre intellectuel et artiste chinois, Ai Weiwei, observe, lui aussi, la Chine avec un grand désarroi. Né à Pékin en 1957, fils du célèbre poète chinois Ai Qing, il est considéré comme l'un des plus grands artistes contemporains. Connu mondialement pour avoir créé des œuvres révolutionnaires autant sur le plan artistique que politique, il est devenu une figure prédominante de l'opposition au pouvoir chinois. Dans un livre intitulé *1 000 ans de joies et de peines*, paru en mai 2022 et traduit dans une dizaine de langues, l'auteur explique comment la Chine est devenue le pays du mensonge. Ses mémoires vous prennent à la gorge. Au fil des pages, le lecteur découvre la surveillance policière, les humiliations en public, le lavage de cerveau et les confessions forcées de « crimes » jamais commis.

Son père, Ai Qing, fut un proche de Mao Zedong et le poète le plus prisé en Chine jusqu'à sa disgrâce en 1957. Il connut alors les horreurs des mouvements politiques à répétition qui ont semé le chaos dans le pays, dont la funeste Révolution culturelle, de 1966 à 1976, lorsqu'il fut condamné aux travaux forcés et détenu aux confins du pays, au Xinjiang, que l'on appelait alors « la petite Sibérie ». Il est soumis aux séances de confession publique devant une foule surexcitée. « Un soir, j'attendais seul dans notre trou, blotti dans un coin avec mon oreiller et mon édredon, le retour de Père d'un de ces rassemblements. Lorsqu'il entra, il était noir de la tête aux pieds. Il expliqua d'une voix faible : pendant la séance, quelqu'un avait bondi sur l'estrade et lui avait craché au visage, puis il lui avait baissé la tête et vidé dessus un pot d'encre. Il n'avait pas bu de la journée et il était tellement épuisé qu'il s'assit et ne dit plus rien. Il lui a fallu plusieurs jours pour éliminer toute trace d'encre sur son visage », explique l'auteur. « La Révolution culturelle fut proclamée comme étant “sans précédent”, en ce sens qu'elle devait toucher l'âme de chaque Chinois », souligne Ai Weiwei. Plusieurs fois, son père, désespéré, avait songé à se suicider avant de se raviser en pensant à sa famille. Parmi ceux qui furent exécutés ou se suicidèrent pendant cette décennie folle figurent le célèbre romancier Lao She, le traducteur de Voltaire et de Balzac Fu Lei, de même que sa femme, Zhu Meifu. La terreur rouge avait commencé.

Ai Weiwei poursuit : « Le pillage des richesses foncières dépasse de loin toutes les autres formes d'accumulation du capital en Chine », car la spéculation immobilière rapporte des milliards de yuans aux autorités centrales et régionales ainsi qu'à ceux que l'on nomme les « Princes rouges », c'est-à-dire les enfants des hauts dirigeants. « Toutes les réformes chinoises sont gangrenées par la fraude et la corruption, et ce n'est là que l'un des nombreux abus. » Ai Weiwei aborde la douloureuse question des exécutions : « Quand le pouvoir de l'administration est sans limite, quand le pouvoir judiciaire n'est l'objet d'aucun contrôle, quand l'information est cachée au public, la société est vouée à fonctionner en l'absence de toute justice et de toute moralité. La corruption du pouvoir judiciaire est le signe évident d'un corps politique dénué de morale, c'est une cicatrice qui défigure l'époque dans laquelle nous vivons. »

En dépit de la chape de plomb qui s'est abattue sur toute dissidence en Chine ces dix dernières années, des voix continuent de se faire entendre et ces récits parviennent parfois tant bien que mal en Occident. Parmi eux, celui de Xu Zhangrun, dont un livre a été publié l'an dernier. Cet ouvrage ne fait que 73 pages, mais chacune d'elles est brûlante. Écrit et paru au début de la crise du Covid-19 en Chine, *Alerte virale, quand la colère est plus forte que la peur* a valu à son auteur, intellectuel prestigieux et réputé, d'être emprisonné avant d'être démis de ses fonctions de professeur de droit constitutionnel à l'université Qinghua, à Pékin. C'est que, dans cet essai paru en France aux éditions R&N, Xu prédit la fin du régime de Xi Jinping qui, selon lui, a accumulé les erreurs stratégiques. Aux yeux de Xu Zhangrun, la Chine est aujourd'hui au ban de la communauté internationale en raison de sa politique de répression effrénée contre les Ouïghours au Xinjiang, contre les Tibétains et la population de Hong Kong, où toute velléité de démocratie a été réduite au silence. Une autre Chine est à la recherche d'une modernité perdue depuis l'arrivée au pouvoir de Xi Jinping en 2012. Xu pose un préalable : pour pouvoir rejoindre un jour la communauté internationale et retrouver le rôle qui doit être le sien, la Chine n'a pas d'autre choix que d'embrasser les valeurs universelles. Aujourd'hui, le pays ne rayonne plus du tout sur le monde, lui qui a illuminé la planète pendant des siècles alors que l'Europe était plongée dans les disettes, des épidémies de lèpre, de peste bubonique ou lancée dans des croisades et des guerres de religion. Désormais, conclut Xu Zhangrun, le temps est compté pour Xi Jinping et ses sbires. La fin est inexorable. Cinq ans ? Dix ans ? Vingt ans ? Nul ne peut le dire, mais l'issue est claire. Aussi l'auteur adresse-t-il une supplique à ses compatriotes à la dernière page de son ouvrage : « Face au chaos du monde, je vous conjure, mes mille quatre cents millions de frères et sœurs, qui formez ce peuple si nombreux qui n'a aucun moyen de fuir cette terre, emportons-nous contre l'injustice ! Faisons brûler nos vies d'une flamme de dignité ! Débarrassons-nous de la nuit pestilentielle et accueillons ensemble les premières lueurs de l'aurore ! Avec force, avec nos cœurs, avec nos vies, accueillons le soleil de la Liberté, pour qu'il rayonne enfin sur ce bout de terre ! »

Prédire l'avenir est, par essence, une science inexacte. Cela fait plus de quarante ans que des « spécialistes » de la Chine annoncent un effondrement imminent du régime.

Cela ne s'est pas produit. Depuis sa création en 1921, le PCC a fait preuve d'une résilience et d'une capacité à rebondir qui incitent à la prudence quant à sa disparition prochaine. Espérant rester dans l'histoire, Xi Jinping s'entoure d'un culte de la personnalité extravagant qui rappelle celui de Mao Zedong. En juin est apparu un nouveau qualificatif pour évoquer la toute-puissance du « grand leader », celui d'« éternel », terme employé dans un quotidien de la province du Guangxi, dans le sud-ouest du pays, à l'issue d'une réunion locale du PCC. « Éternel »… Comme s'il s'agissait de confirmer son ambition de gouverner à vie. En Chine, rien n'est le fait du hasard dans les médias… Voilà donc Xi Jinping devenu l'égal de Mao. La « pensée Xi Jinping » est partout : dans la presse écrite aussi bien qu'à la télévision d'État, aux carrefours des rues des grandes villes sur d'immenses panneaux, dans les manuels scolaires… Depuis peu, elle est même enseignée dans les écoles primaires. C'est la seule religion qui ait encore droit de cité dans le pays. Et pour conserver son emprise sur la société, le pouvoir est prêt à tout.

Les « disparitions », un scandale d'État

Pour se maintenir, le Parti applique des méthodes radicales. La première d'entre elles : le mensonge. L'autre arme consiste à faire disparaître purement et simplement ceux qui dérangent ou représentent un danger. Il existe de multiples exemples connus de disparitions. Mais ce n'est là que la partie émergée de l'iceberg car, pour la plupart, celles-ci sont cachées au grand public. Ce sont des milliers de personnes qui ont disparu depuis 1949. Peu importe que l'individu soit riche ou pauvre. Quiconque ose critiquer le Parti et refuse d'en épouser les valeurs peut en devenir la cible.

En septembre 2021, un employé chinois de la délégation de l'Union européenne à Pékin se volatilise. Plus aucune trace. Sa disparition ne sera révélée que huit mois plus tard. C'est une affaire sans précédent. Cet homme se trouvait depuis huit mois en prison. Motif de l'incarcération : « susciter des querelles et provoquer des troubles », un crime passible de cinq années de prison. Né en décembre 1971, An Dong était employé au service informatique de la délégation européenne. Inquiet de sa disparition après son arrestation, le 11 septembre, son employeur a fini par apprendre qu'il était incarcéré à des milliers de kilomètres de Pékin, dans le Sichuan, une province de l'ouest du pays dans laquelle il n'a aucun lien. Voulant connaître les raisons précises de cette incarcération, la délégation européenne a fini par rédiger courant octobre une première « note verbale » au ministère chinois des Affaires étrangères. Ne recevant aucune réponse, la délégation a envoyé fin novembre une seconde note verbale, plus ferme, pour exiger que « M. An Dong soit immédiatement libéré sans condition à moins qu'il n'y ait des preuves suffisantes, crédibles et recevables de son délit ». Une demande restée sans suite, tout comme la troisième note verbale, envoyée en février 2022 et qui reprend la formulation déjà utilisée. Au sein de la délégation, An Dong ne cachait pas ses convictions chrétiennes. Il lui arrivait de les exprimer sur Facebook. Rien qui ne justifie, pour autant, une incarcération.

Il semble que ce soit la première fois qu'un employé chinois d'une représentation diplomatique occidentale soit arrêté pour un autre motif qu'une affaire de droit commun.

Autre personnalité, pourtant très connue, à avoir soudain disparu de la vie publique : Jack Ma, le fondateur du géant chinois du commerce en ligne Alibaba. Il avait osé exprimer sa frustration, fin octobre 2020 lors d'un congrès à Shanghai, à propos du fonctionnement bancaire et financier de son pays. Jack Ma voulait révolutionner le secteur bancaire chinois en prêtant à ses clients grâce à une évaluation de leur solvabilité fondée sur le big data. Il a eu le tort d'accuser les banques et les autorités financières chinoises d'avoir une « mentalité de prêteur sur gages ». Après ces déclarations, les médias officiels chinois ont fait savoir que Jack Ma a soudain « réfléchi et pris la décision de se consacrer à l'éducation des enfants et aux actions caritatives ». Contraint de prendre sa retraite, il a ensuite été vu à Hong Kong et en Espagne.

Une autre affaire entourée d'un épais mystère et qui a fait grand bruit à l'étranger est la disparition de Meng Hongwei, qui avait dirigé Interpol à partir de 2016. Arrêté en septembre 2018 lors d'un voyage à Pékin, il a officiellement été condamné à une peine de treize ans et demi de prison pour « corruption ». La justice chinoise, aux ordres du pouvoir, invoque souvent ce chef d'accusation pour se débarrasser des gêneurs. L'autre motif régulièrement utilisé est celui de « trouble à l'ordre public ». Meng Hongwei était un ancien vice-ministre de la Sécurité publique et une étoile montante dans les arcanes du Parti. Depuis sa condamnation, sa femme, Grace Meng, placée sous la protection vingt-quatre heures sur vingt-quatre de la police française à Lyon, n'a plus aucune nouvelle de lui.

Les exemples de ce type sont légion. Ainsi la championne de tennis Peng Shuai qui, après avoir accusé de viol un ancien vice-Premier ministre, a subitement disparu. Quelques semaines plus tard, elle a réapparu pour dire publiquement que ces accusations étaient fausses, un témoignage visiblement fabriqué de toutes pièces. Sa disparition avait suscité à l'étranger des réactions indignées. Plusieurs semaines durant, l'ancienne numéro un mondiale en double, âgée de 35 ans, n'avait donné aucune nouvelle, ni fait d'apparition publique. Le 2 novembre, elle avait mis en ligne sur le réseau social chinois Weibo un court texte accusant l'ancien vice-Premier ministre Zhang Gaoli de lui avoir imposé un rapport sexuel trois ans plus tôt. Aujourd'hui à la retraite, Zhang Gaoli, âgé de 75 ans, était depuis 2012 et jusqu'au début de 2018 membre permanent du Bureau politique du Parti communiste chinois. Il était à ce titre l'un des sept hommes les plus puissants de Chine. La mystérieuse et soudaine « absence » de Peng Shuai en rappelle d'autres.

Comme celle de Vicki Zhao (aussi connue sous le nom de Zhao Wei), en septembre 2021, l'une des plus grandes actrices chinoises, devenue productrice et femme d'affaires. Elle s'est purement et simplement volatilisée pendant que toute trace de sa carrière était effacée des réseaux sociaux, tout comme des plateformes de streaming disponibles en Chine. Personne n'a jamais su ce qu'elle est devenue. À l'automne 2019, Fan Bingbing, la comédienne alors la mieux payée de Chine, n'a plus donné de nouvelles pendant plus de trois mois, avant d'être retrouvée dans une « station balnéaire » près de Pékin. L'actrice de 39 ans, accusée de fraude fiscale, a alors fait part de tous ses regrets. « J'ai trahi mon pays, les attentes de la société et l'amour de mes fans. Veuillez accepter mes excuses. Je vous demande pardon », a-t-elle alors posté sur la plateforme Weibo.

La première disparition à avoir été médiatisée à l'étranger est celle du 11e panchen-lama Gedhun Choekyi Nyima, le deuxième chef spirituel le plus important pour les bouddhistes tibétains. Enlevé par les autorités chinoises en 1995, alors qu'il n'avait que 6 ans, personne ne l'a plus revu depuis. Par la suite, les autorités chinoises ont sélectionné un panchen-lama « officiel » qui n'apparaît que rarement en public mais dont les discours épousent fidèlement les directives politiques du Parti.

D'autre part, des centaines de milliers d'adeptes du Falun Gong, secte interdite en 1999, font eux aussi l'objet de persécutions systématiques : camps de travail, disparitions forcées ou tortures. Le Parti n'hésite pas non plus à procéder à des enlèvements au-delà des frontières de la Chine ou à cibler des ressortissants d'autres pays. Citoyen suédois d'origine chinoise, Gui Minhai, un libraire et éditeur de Hong Kong qui vendait des ouvrages consacrés à la vie trouble de l'élite chinoise, a mystérieusement disparu lors d'un voyage en Thaïlande en octobre 2015. Maintenu au secret pendant plusieurs mois, il a finalement réapparu en 2016 en Chine, lorsqu'il s'est exprimé à la télévision d'État en déclarant qu'il avait été arrêté après avoir causé un accident en état d'ivresse. Les ennuis de Gui Minhai étaient loin d'être terminés puisqu'en 2018 il a été de nouveau arrêté par des hommes en civil alors qu'il se rendait avec deux diplomates suédois à un rendez-vous médical. Son interpellation avait suscité un incident diplomatique en Suède et causé une profonde inquiétude dans d'autres pays européens.

En 2017, l'homme d'affaires et milliardaire Xiao Jianhua, détenteur d'un passeport canadien, a disparu de sa chambre d'hôtel à Hong Kong. La Chine a refusé de ratifier la convention de l'ONU sur les disparitions forcées et a même été jusqu'à les légaliser grâce à de récents amendements à son Code de procédure pénale. Comme le montre l'ouvrage *The People's Republic of the Disappeared* [*La République populaire des disparus*], paru aux éditions Safeguard Defenders en 2017, et toujours non traduit en français, le recours à la « résidence surveillée en un lieu désigné », prévu par une disposition du Code, s'est soldé par de graves abus contre des avocats, des activistes et défenseurs des droits humains, et de simples citoyens.

Ajoutons à cette liste terrifiante mais bien sûr loin d'être exhaustive l'ignominie de la répression sauvage contre la minorité musulmane ouïghoure. Les faits sont avérés : plus d'un million de femmes et d'hommes sont détenus dans des centaines de camps à travers le Xinjiang, qui avait pour nom Turkestan oriental avant son annexion par la Chine communiste en 1950. Tortures, viols, stérilisations forcées : les preuves d'un génocide sont réunies. Des documents officiels chinois qui ont fuité vers les États-Unis attestent du fait que le chef d'orchestre de cette campagne implacable lancée en 2015 n'est autre que Xi Jinping lui-même. En réalité, c'est le Tibet qui a servi de laboratoire pour ces exactions commises au Xinjiang. Car, lui aussi annexé par la Chine en 1950, le Pays des neiges a connu les mêmes infamies. Dans les deux cas, il est aujourd'hui clair que les autorités chinoises ont pour objectif d'anéantir deux civilisations. Les États-Unis ont été les premiers à qualifier la répression des Ouïghours de génocide en 2020. Les parlements de plusieurs autres pays l'ont fait à leur tour, dont le Canada, le Royaume-Uni et même la France en 2022.

Beaucoup d'autres disparitions ont été recensées, comme celle de Cheng Lei, présentatrice sino-australienne de la chaîne de télévision CNBC, qui n'a plus jamais été vue en public depuis 2020. Que dire aussi du cas Ren Zhiqiang, l'ancien président du groupe immobilier Huayuan Real Estate, disparu en 2020 peu après avoir critiqué la gestion par le Parti de la pandémie de Covid-19 ? Il a par la suite été condamné à 18 mois de prison pour corruption. Jamais réapparu en public lui non plus. On a déjà cité le nom de Fan Bingbing, actrice adulée en Chine, qui a disparu pendant plusieurs années jusqu'à ce qu'elle exprime en public ses excuses pour avoir dissimulé sa fortune au fisc. Et Wang Quanzhang, un avocat spécialisé dans les droits humains, a disparu en 2015 avant d'être condamné à plusieurs années de prison pour « subversion contre l'État ». Des pratiques d'un État totalitaire pour lequel la violence constitue une arme politique comme une autre.

Le placement en unités psychiatriques pour ceux ou celles qui dérangent

Cette pratique terrifiante, « classique », des dictatures est toujours d'actualité en 2022. Lorsqu'elle est internée, la victime ne peut pas contacter un avocat pour se défendre ni même obtenir un procès. Le Parti prétexte un « *diagnostic* » de maladie mentale. La victime se retrouve alors isolée socialement, et ceci même après sa libération.

L'ONG Safeguard Defenders, constituée en 2016 sur la base de l'ONG China Action fondée la même année par des experts chinois des droits humains et rapidement interdite, a mené l'enquête en se basant sur des témoignages de victimes et de leurs familles. Entre 2015 et 2021, selon le rapport *Drugged and Detained: China's Psychiatric Prisons*, 99 personnes ont ainsi été internées dans des unités psychiatriques dans 109 hôpitaux de 21 provinces, municipalités et régions du pays. Mais l'organisation prend soin de préciser que ce chiffre ne représente que la partie visible de l'iceberg. D'innombrables cas ont en réalité été recensés par d'autres ONG et par les médias étrangers. Le phénomène s'est encore accéléré depuis l'arrivée au pouvoir de Xi Jinping avec la fermeture progressive de la Chine sur le monde extérieur. Le procédé est même devenu « une routine », explique Safeguard Defenders.

Il y a vingt ans, le monde apprenait par des sources crédibles et vérifiées que la Chine emprisonnait des dissidents pour « *troubles mentaux* », un procédé inspiré des méthodes soviétiques qui sont encore utilisées en Russie. Un procédé qui, en chinois, s'appelle « *ankang* » (安康), qui signifie « bien-être », du nom des hôpitaux psychiatriques gérés par la police. Confrontées à des critiques de plus en plus virulentes à l'étranger ainsi qu'à l'intérieur du pays, les autorités chinoises ont alors affirmé que ces méthodes allaient faire l'objet d'un examen attentif. En 2012 et 2013, une loi sur les maladies mentales avait été adoptée. Celle-ci préconisait l'établissement d'un diagnostic par des médecins tandis que la loi sur la procédure criminelle était révisée pour donner un pouvoir de contrôle accru aux organismes juridiques désormais en capacité de contrôler ce processus.

Mais la réalité est tout autre : la police et les organes du pouvoir continuent d'envoyer de façon arbitraire des activistes ou des pétitionnaires dans ces unités, parfois de façon répétée. Defenders cite le cas d'une femme qui a été internée 20 fois. Dans les faits, les médecins et les hôpitaux sont contraints d'obéir aux ordres venus d'en haut ou, dans le pire des cas, collaborent activement avec les autorités.

Des élites qui sonnent l'alarme ?

Le 9 mai 2022, le *Financial Times* a publié une longue interview réalisée avec Henry Kissinger. Cet entretien se termine par cette phrase de l'ancien secrétaire d'État américain : « Je pense qu'en ce moment tous les dirigeants chinois réfléchissent à la meilleure façon d'éviter de se retrouver dans la situation de Poutine, ainsi qu'à la meilleure façon d'éviter une confrontation avec le monde en cas de crise. »

Cette conclusion résume tout. En effet, si la Chine souhaite conserver sa place sur la scène internationale, elle doit par tous les moyens éviter de prendre le parti de la Russie, sans pour autant se soumettre au camp occidental. Un choix cornélien.

L'avenir politique du pays est en réalité bien incertain. À l'automne 2022 aura lieu le 20e Congrès du Parti communiste chinois. Xi Jinping espère conserver tous ses titres, dont celui de secrétaire général. Il est pratiquement assuré d'y parvenir. Cela même si la colère gronde et s'amplifie au sein des élites qui, à demi-mot, commencent à critiquer ses erreurs. Le 20 décembre 2020, à l'occasion d'un symposium organisé par le China Institute of International Studies à Diaoyutai, résidence des hôtes étrangers en périphérie de Pékin, Cui Tiankai, l'ancien ambassadeur chinois aux États-Unis, personnalité très respectée, a expliqué que la politique chinoise envers les États-Unis ainsi qu'envers le reste du monde constituait une fausse piste. « Nous devons garder la tête froide et être entièrement prêts à faire face aux hauts et bas des relations sino-américaines, cela tout en protégeant notre souveraineté, notre sécurité et nos intérêts, a-t-il déclaré. La politique des “loups guerriers” menée par Pékin à l'étranger ces dernières années était erronée. Tous les gains enregistrés par la Chine ont été acquis grâce à la sueur et au sang du peuple, et nous ne devons pas permettre à quiconque se montrerait aventureux, paresseux ou incompétent de ruiner ces conquêtes. » Il n'a, bien sûr, cité aucun nom. Mais au sommet de la hiérarchie du PCC, personne ne s'est trompé sur le fait que le principal visé était Xi Jinping en personne. « Sur le fond, nous ne devons pas mener une guerre pour laquelle nous ne sommes pas préparés, une guerre que nous ne sommes pas sûrs de gagner, une guerre motivée par la colère », a-t-il ajouté. Des mots qui pèsent lourd dans la bouche de ce vétéran de la diplomatie chinoise qui a en outre été un proche du président chinois. Cet épisode rappelle celui de Zhang Wenhong, un professeur d'université, véritable autorité dans le domaine des maladies contagieuses. Ce dernier a été la cible de critiques intenses orchestrées par le pouvoir lorsqu'il a osé dire publiquement que la Chine devait abandonner la politique du « zéro Covid » pour lui préférer celle du « vivre avec le Covid », fondée sur les connaissances scientifiques et suivie par la plupart des pays dans le monde. Car, dans ce domaine aussi, c'est Xi Jinping et nul autre qui prend les décisions. Tout comme Cui Tiankai, Zhang Wenhong avait remis en question la sagesse des décisions du nouvel empereur chinois.

Les réseaux d'influence :
une volonté de manipulation mondiale ?

La parution en septembre 2021 d'un rapport de l'IRSEM (Institut de recherche stratégique de l'École militaire) intitulé « Les opérations d'influence chinoises, un moment machiavélien » a fortement contribué à une prise de conscience en Europe et tout particulièrement en France des desseins cachés de la Chine. Le pays a pour ambition d'occuper durablement des positions dominantes dans les domaines économique, commercial, technologique, politique, stratégique et même idéologique. Ce rapport de 650 pages a été rédigé par deux grands experts de la Chine, Paul Charon (directeur du domaine « Renseignement, anticipation et menaces hybrides » de l'IRSEM depuis 2020, qui maîtrise parfaitement la langue chinoise) et Jean-Baptiste Jeangène Vilmer (directeur de l'IRSEM depuis 2016, formé dans trois disciplines, la philosophie, le droit et les sciences politiques). Avant sa parution, les deux auteurs avaient bien entendu demandé l'autorisation du ministère des Affaires étrangères qui, sans prendre de décision, a préféré le transmettre au président de la République. Nous savons de source sûre que c'est bien Emmanuel Macron qui a donné son feu vert, une décision qui, en elle-même, témoigne de la volonté au sommet de l'État français de prendre des distances avec la Chine. L'IRSEM est placé sous la tutelle du ministère des Armées, ce qui donne à ce rapport une importance et une autorité toutes particulières.

À la lecture des pages, on apprend avec une foultitude de détails le fonctionnement des réseaux d'espionnage de la Chine. Ces réseaux multiples et d'une efficacité redoutable en arrivent à infiltrer les milieux politiques européens et à « retourner » d'importants personnages politiques, tel l'ancien Premier ministre Jean-Pierre Raffarin. Le rapport montre à quel point ce haut responsable est devenu un agent de la Chine en France. Ce rapport a depuis été publié en plusieurs langues, dont l'anglais. Nul doute qu'il servira d'outil précieux à nombre de décideurs européens dans la prise de conscience qui doit être la leur sur la réalité de la Chine sur la scène internationale.

Pour parvenir à ses fins, l'appareil chinois ne compte pas l'argent dépensé pour corrompre des personnages politiques importants. Certains se retrouvent un jour dans des situations compromettantes où le chantage entre en scène : des photos sont prêtes à être diffusées pour contraindre les récalcitrants à travailler pour Pékin au risque sinon d'être montrés sur la place publique dans des situations scabreuses, clichés à l'appui. Cette politique du « kompromat », technique soviétique classique, est parfaitement maîtrisée par les services chinois. Certains anciens hauts responsables français qui ne sont plus aux affaires mais qui ont exercé des responsabilités politiques de premier plan en savent quelque chose.

L'espionnage chinois est multiforme : l'intelligence économique, le cyberespace, les réseaux traditionnels par le biais des personnels diplomatiques ou les clandestins... Ce système a connu, ces dernières années, une profonde mutation avec le déclin, sinon la disparition des anciens réseaux de l'époque maoïste. C'est ainsi que la pieuvre chinoise est aujourd'hui beaucoup plus sophistiquée. L'un des piliers en est, depuis les années 1950, le Front uni. Son objectif : éliminer les ennemis du Parti à l'intérieur du pays et à l'extérieur. Mais cet organisme se heurte depuis quelques années à une prise de conscience en Occident des dangers que représente la Chine de Xi Jinping. Les gouvernements occidentaux comprennent progressivement l'ampleur du pillage industriel qui explique les percées ultrarapides des technologies chinoises dans des domaines comme le nucléaire civil, les lignes ferroviaires à grande vitesse ou encore l'aéronautique civile.

L'infiltration repose sur plusieurs piliers et, tout d'abord, sur le contrôle des diasporas chinoises pour faire en sorte qu'elles ne représentent pas une force de contestation ou une menace pour le pouvoir en place. Les médias sont bien sûr étroitement surveillés, avec pour objectif d'établir « un nouvel ordre mondial des médias » qui garantisse la bonne image de la Chine dans le monde. La diplomatie joue également son rôle avec pour but d'influencer les organisations internationales. Dans les ambassades, on favorise le profil des « loups guerriers », ces ambassadeurs décomplexés qui font la leçon à leurs interlocuteurs sur la meilleure façon de penser. En matière économique, la Chine exerce régulièrement un chantage à la dépendance pour faire plier un pays, en refusant par exemple l'accès à son marché, en mettant en œuvre des embargos ou des sanctions commerciales. Dans le domaine politique, il s'agit de pénétrer les sociétés civiles afin d'influencer les mécanismes d'élaboration des politiques publiques pour qu'elles soient favorables à la Chine. L'éducation n'est pas en reste : le pouvoir infiltre les universités par l'intermédiaire de financements généreux. Les instituts Confucius sont également des outils précieux pour diffuser l'idéologie du Parti. L'ensemble de ce dispositif donne sa pleine mesure grâce à une manipulation efficace de l'information. L'objectif est clair : « guider » les opinions publiques. Des centaines de milliers de trolls entretiennent des polémiques, multiplient des insultes et des opérations de harcèlement pour discréditer des activistes ou des intellectuels critiques du système chinois. Dans l'ensemble de ces domaines, la Chine a beaucoup appris de l'Union soviétique. Mais, aujourd'hui, l'élève a largement dépassé le maître.

Le bilan est donc sans appel : les fissures au sein du Parti deviennent de plus en plus béantes. Peut-on pour autant raisonnablement penser que le régime est menacé ? Vraisemblablement, non. Car même si la Chine tentait d'envahir Taïwan et perdait cette guerre, il n'est pas certain que cet échec se solderait par un effondrement immédiat du régime. Le parti communiste pourrait même en sortir grandi. Il n'existe à ce jour aucune force politique en Chine en mesure de menacer le Parti. Si une guerre éclair contre Taïwan devait mal tourner, Xi Jinping pourrait annoncer de nouveaux objectifs et dire qu'il a gagné puisque, de toute façon, Taïwan finira par céder un jour, d'une manière ou d'une autre, ou *a minima* fera des concessions. Dès lors, prédire la fin prochaine du parti communiste et du système politique chinois reste hasardeux. Une certitude toutefois : si effondrement du système communiste il devait y avoir à court ou moyen terme, le risque serait alors grand d'un éclatement de la Chine en féodalités régionales. Ce scénario catastrophe rappellerait l'époque funeste des seigneurs de la guerre qui ont sévi pendant plusieurs siècles en Chine. Un tel phénomène laisserait un pays exsangue. Une Chine éclatée toucherait tout particulièrement les populations fragiles et démunies. Il est à craindre qu'à nouveau des centaines de milliers de Chinois se retrouvent réduits à la disette.

Si ce jour devait arriver, le choc serait tel que des millions de Chinois auraient de nouveau faim. Reviendrait alors le temps de l'instabilité sociale et politique, ce que, depuis toujours, le Parti redoute le plus. Car le fait que les Chinois mangent à leur faim est sans doute sa seule légitimité. En 2020, le Parti avait annoncé triomphalement que, pour la première fois dans l'histoire millénaire du pays, la faim avait été éradiquée en Chine. Cela, certes, sans évoquer le Grand Bond en avant, cette période funeste de 1958 à 1962 qui, lancée par Mao Zedong, s'est soldée par une famine épouvantable. Elle fit, selon de nombreuses études menées alors en Chine même, entre 40 et 60 millions de morts de faim, avec de nombreux cas de cannibalisme, phénomène jamais vu dans l'histoire récente du monde en temps de paix. Mais de tout cela le Parti ne parle jamais, comme il est d'usage pour tous les mouvements politiques tragiques, telle la Révolution culturelle, dont les conséquences funestes sont, elles aussi, soigneusement cachées sous le tapis. Mais plus grave encore : une telle désintégration du pays pourrait aussi engendrer une guerre civile sanglante. Une perspective bien sombre aux conséquences incalculables pour le monde. Alors, existe-t-il un « avenir radieux pour la Chine », pour reprendre la formule du Parti ? Plus que jamais, il est permis de répondre tout simplement : non.

Et c'est ainsi qu'en moins de dix ans la Chine de Xi Jinping aura réussi dresser contre elle une bonne partie du monde occidental. Ces pays et leurs gouvernements évoluent lentement mais sûrement vers une prise de conscience : la Chine s'impose à leurs yeux comme une menace existentielle pour la planète. Pour autant, il ne faudrait pas céder à un excès d'optimisme. Ce serait une erreur car, ne nous méprenons pas, ce régime illégitime est là pour durer. Un régime qui pense à votre place, qui bâillonne les libertés individuelles. Un régime pervers, fascisant et scélérat.

« LA DICTATURE CHINOISE POSSÈDE, EN 2022, L'OUTIL LE PLUS SOPHISTIQUÉ AU MONDE POUR SURVEILLER SA POPULATION EN CONTINU. »

CHAPITRE 2

Le Big Brother « made in China » : un pays sous haute surveillance

Par Alain Wang,
sinologue, spécialiste de la société chinoise et plus particulièrement du développement des outils de contrôle de masse grâce aux technologies basées sur les algorithmes de l'intelligence artificielle.

L'échec de la Révolution culturelle et la succession difficile du président Mao Zedong ont provoqué entre 1976 et 1979 des événements inattendus. À la fin des années 1970, les dirigeants communistes ont compris qu'ils devaient s'engager dans ce qui fut appelé la politique des « Quatre Modernisations » : l'économie, la science, l'agriculture et la défense nationale. Cette ouverture progressive a exposé le pays aux influences extérieures, et en particulier aux idées démocratiques occidentales, qui provoquèrent deux importants mouvements de revendications sociales et politiques. Le premier Printemps de Pékin dura de 1978 à 1979 mais eut le temps d'essaimer dans les grandes villes de Chine, Pékin, Shanghai, Qingdao, Chengdu, Nankin, etc. Le second mouvement démocratique se déroula sur la place Tiananmen en juin 1989. Il fut écrasé dans la violence, alors que ce vent de rejet du communisme provoquait la chute du mur de Berlin quelques mois plus tard, qui elle-même précéda l'effondrement de l'Union soviétique en 1991. En pratiquant la transparence (*perestroïka* et *glasnost*), Mikhaïl Gorbatchev accéléra l'ouverture de la Russie vers davantage de liberté.

Mais, en même temps que se déroulaient les contestations populaires du Printemps arabe au début des années 2010, le parti-État chinois, qui avait bien observé les causes de l'éclatement de l'URSS, a renforcé son emprise sur la société pour éteindre tout mouvement contestataire, craignant une remise en question de son leadership politique. L'administration, la police, la justice et l'armée, comme les médias, l'Internet et le système éducatif, sont demeurés sous le contrôle strict du parti communiste. Jusqu'à ce jour, les libertés fondamentales restent bafouées : les défenseurs des droits humains et les acteurs de la société civile sont poursuivis, arrêtés, souvent condamnés à de lourdes peines d'emprisonnement sous prétexte de « tentative de subversion », d'« atteinte à la sécurité nationale » ou de « collaboration avec des forces ennemies extérieures ».

Le système de surveillance de la Sécurité publique repose toujours sur ses acquis de la période maoïste : les différents organismes de l'État et du Parti poursuivent leur travail de renseignement au sein de la population, de vigilance à l'égard du mécontentement social, et de propagande. À l'aide des nouveaux outils numériques et des technologies de l'intelligence artificielle (IA), la collecte d'informations et la veille sociale se sont perfectionnées pour répondre aux nouveaux défis d'un pays qui s'est transformé en trois décennies de réussite économique et de modernisation. Le système du *hukou* – enregistrement rattaché au lieu de résidence – associé au dossier personnel, le *dang'an*, a longtemps servi de véhicule aux données personnelles que récoltaient les entreprises, les gouvernements locaux et les cellules de base du parti-État. Au début du troisième millénaire, la généralisation de l'utilisation du smartphone et des réseaux sociaux, l'implantation d'un réseau pléthorique de caméras et d'objets connectés ont multiplié les capacités pour alimenter en continu un flux de renseignements individuels, fort utile pour établir une « surveillance de masse ». Les *zhiye jineng jiaoyu beixun zhongxin* ou « centres d'enseignement et de formation professionnels » dans les régions autonomes du Xinjiang et du Tibet rappellent le *laogai*, ces camps de rééducation par le travail où furent détenus 10 millions de prisonniers sur plusieurs décennies avant 1978.

Quant aux *danwei*, les unités de travail de la période collectiviste maoïste, elles n'ont pas résisté à la privatisation et à la migration massive de centaines de millions de ruraux vers les zones industrielles de l'usine du monde.

Le secrétaire général Xi Jinping a exigé à partir de 2015 la réactivation des cellules du Parti dans les quartiers, les écoles, comme dans les entreprises collectives et d'État. Elles deviennent alors obligatoires au sein des entreprises privées ou des ONG chinoises ou étrangères. Quant aux *shequ*, communautés de quartiers urbains plus ou moins fermées, elles restent les « yeux » et les « oreilles » du parti-État. Elles veillent à la mise en application des directives gouvernementales, sans oublier d'espionner les résidents et d'observer les étrangers de passage. Leur rôle est notable dans la résolution des conflits de voisinage, comme pour l'animation des campagnes politiques nationales.

Ce service public de proximité a été renforcé avec la création en 1997 d'une police municipale non armée dans les centres urbains : les *chengguan*. Plus d'un million de ces agents circulent dans les rues pour soutenir les forces de la Sécurité publique dans le maintien de « l'ordre social ». Leur mauvaise réputation s'est bâtie autour des nombreuses violences commises à l'encontre des *mingong*, ou travailleurs migrants, souvent sans papiers, des mendiants, des animaux de compagnie non enregistrés… *Shequ* et *chengguan* ont été d'un « grand secours » pour faire respecter le confinement strict des quartiers lors de la politique drastique du « zéro Covid », qui se poursuit en juin 2022. La surveillance est loin d'être homogène sur l'ensemble du territoire, mais comment être sûr de ne pas être épié ?

Un réseau de vidéosurveillance tentaculaire

La Chine a fait de grandes avancées dans la recherche sur les technologies de surveillance numérique. Les caméras « made in China » sont de plus en plus sensibles. Leurs données sont analysées grâce à des algorithmes d'intelligence artificielle pour la reconnaissance faciale. Afin de prévenir les malversations ou les délits, les délinquants répertoriés peuvent être repérés dans une rue commerçante ou un stade, même s'ils essaient de camoufler leur visage. L'expérimentation va jusqu'à l'interprétation des émotions pour dénicher les enfants à problèmes dans les écoles ou des personnes âgées atteintes de crise de démence dans les maisons de retraite[1]. Utilisées au sein des entreprises, ces technologies repèrent les ouvriers qui se relâchent à leur poste de travail[2].

Dès le début 2020, avec l'application de la politique du « zéro Covid », les autorités publiques ont accru leur surveillance dans les centres urbains pour faire respecter les règles du confinement. Des caméras scannaient les rues en permanence, et des drones circulaient entre les immeubles pour scruter de l'extérieur les appartements afin de localiser les personnes fiévreuses, les reconnaître et les identifier, puis de prendre les mesures d'urgence pour les isoler dans des centres spéciaux ou chez eux… Ces années de pandémie ont été une période exceptionnelle pour tester de nouveaux matériels. Le

1. Michaël Standaert, "Smile For the Camera: the Dark Side of China's Emotion-Recognition Tech", *The Guardian*, 3 mars 2021.

2. Johanna Costigan, "AI-Based Emotion Recognition Tech: China's Mould for the 'New' Socialist?", L'Atelier, 24 septembre 2021.

réseau de vidéosurveillance ne couvre pas encore l'ensemble du territoire chinois, et les caméras n'ont pas toutes la sensibilité suffisante pour une exploitation intelligente de leurs données. Les plus perfectionnées sont reliées à des bases de données provinciales et nationales qu'exploitent des milliers d'agents de la Sécurité publique. Sans le savoir, une personne recherchée peut déclencher une alerte en achetant un billet de train, en entrant dans des toilettes publiques ou en pénétrant dans une succursale bancaire ou un hôtel.

L'avocat Xu Zhiyong, défenseur des droits humains, fondateur du Mouvement des nouveaux citoyens, est arrêté en février 2020 dans la banlieue de Guangzhou, dans le cadre d'une vague de répression nationale qui avait commencé au lendemain de Noël. Sur son compte Twitter, le dissident avait appelé à la démission de Xi Jinping, critiquant les aspects autoritaires de la gestion gouvernementale de la crise sanitaire du Covid-19. Il reprochait aux autorités d'avoir empêché le Dr Li Wenliang et sept de ses confrères de jouer leur rôle de lanceurs d'alerte sur les réseaux sociaux au sujet de la dangerosité d'un « nouveau virus » dont étaient atteints plusieurs de leurs patients dans les hôpitaux de Wuhan. Il est fort probable qu'il ait été traqué durant cinquante jours, avant que le système de vidéosurveillance ne le localise lors d'une de ses rares sorties pour se dégourdir les jambes ou prendre un repas. Il avait pourtant pris la précaution de ne pas utiliser le moindre appareil numérique[3].

---

3. Emily Feng, "Rights Activist Xu Zhiyong Arrested in China amid Crackdown on Dissent", *Npr*, 17 février 2020.

La dictature chinoise possède, en 2022, l'outil le plus sophistiqué au monde pour surveiller sa population en continu. Certains habitants, dans de nombreuses villes, osent depuis deux ans manifester leur défiance face à ce système intrusif et omniprésent dans leur quotidien. L'utilisation renforcée des caméras a été tolérée durant la première période de la pandémie de Covid-19 à Wuhan. Mais un mouvement grandit qui exige la destruction des données captées. La municipalité de Hangzhou est la première, en octobre 2020, à céder sous la pression populaire en reconnaissant une atteinte à la vie privée. L'utilisation de la moindre technologie pour la reconnaissance faciale dans les immeubles résidentiels est proscrite. La ville de Tianjin suit en décembre, avec une nouvelle loi qui encadre la collecte d'informations biométriques, interdite sans consentement. Des enquêtes d'opinion réalisées dans certains centres urbains laissent penser qu'une majorité des personnes interrogées sont favorables à l'utilisation de la reconnaissance faciale pour des questions de sécurité. 80 % des autres, à l'inverse, la rejettent, et plus de la moitié des personnes interrogées craignent d'être traquées, de sentir peser sur les actes de leur vie quotidienne le « regard envahissant » du parti-État[4].

Quatre mille entreprises chinoises travaillent dans le secteur industriel de la reconnaissance biométrique. Le marché est passé de 80 millions de yuans en 2002 à

4. Jessica Batke et Mareike Ohlberg, "State of Surveillance", *ChinaFile*, 30 octobre 2020.

17,01 milliards de yuans en 2018. Le seul secteur de la reconnaissance faciale a rapporté 700 millions de dollars américains en 2021. Les investissements dans la recherche sont considérables, particulièrement dans l'observation de l'iris, l'analyse vocale et le contrôle par l'empreinte du système veineux de la main. Les avancées technologiques vont permettre l'élaboration de nouvelles applications de surveillance plus fines et plus fiables, comme les algorithmes de ré-identification, qui traitent les images collectées d'un individu en mouvement, sous des positions, des angles et des éclairages différents, afin d'obtenir un profil numérique unique presque parfait. Le gouvernement américain a commencé à blacklister des entreprises chinoises pour leur rôle dans la mise en place du système de surveillance de masse dans la province du Xinjiang : Dahua et Huawei pour avoir développé des algorithmes de l'IA qui permet de distinguer une appartenance raciale ; Hikvision pour avoir joué un rôle important dans la mise en place du réseau de vidéosurveillance en collaboration avec les organes régionaux de la Sécurité publique[5].

Smartphone et Internet

Les opérateurs de téléphonie ont collaboré étroitement avec le gouvernement chinois dans la construction des infrastructures de télécommunication. Il y avait en mars 2020 presque 1,6 milliard d'abonnés mobiles. Le smartphone est

5. Zack Whittaker, "US Towns Are Buying Chinese Surveillance Tech Tied to Uighur Abuses", TechCrunch, 24 mai 2021.

devenu indispensable au quotidien pour prendre les transports en commun, régler sa note au restaurant ou faire ses courses dans les magasins... Depuis le 1er décembre 2019, son acquisition entraîne obligatoirement un scan facial. Les données biométriques sont ensuite associées au numéro de la ligne ouverte. Plus d'un milliard de Chinois utilisent un smartphone pour accéder au « ChinaNet » : identifier les internautes qui s'expriment sur les réseaux sociaux est crucial pour la sécurité publique. L'Internet chinois s'est entouré d'une « grande muraille électronique » ou « *grand firewall* » qui l'isole du reste du monde. Elle s'est renforcée, en juillet 2020, avec de nouvelles capacités technologiques de filtrage qui accentuent une censure déjà très efficace. Les Chinois disposent de plus d'un million d'applications autochtones, mais il leur est impossible d'aller sur les plateformes américaines comme Twitter, Facebook, Google, YouTube... comme de s'informer sur les sites des médias internationaux démocratiques. Avec 1,2 milliard d'utilisateurs réguliers, WeChat, à l'origine une simple messagerie instantanée, montre qu'elle est devenue indispensable à chaque moment de la journée, comme une sorte de « couteau suisse » d'applications.

Plusieurs lois ont été adoptées pour protéger les consommateurs. La *Personal Information Protection Law*, ou PIPL, de novembre 2021 est similaire en apparence au règlement général sur la protection des données, ou RGPD, qui protège les Européens. Mais la confidentialité a des limites en Chine : les acteurs de l'Internet ont l'obligation de rediriger l'ensemble des données personnelles de leurs clients

– individus ou entreprises – vers des bases de données d'État. Pour avoir le droit de naviguer sur les réseaux, l'enregistrement avec son identité réelle est requis depuis le 16 mars 2012. Le bureau de la propagande du parti-État possède un demi-million comptes. Le président Xi Jinping a créé, en 2014, un Comité de pilotage sur la sécurité internet et le passage au numérique, dont il a pris la direction. Plus de 50 000 policiers de l'Internet font appliquer les lois sur la cybersécurité.

Sous prétexte de « subversion du pouvoir d'État » ou de « trouble à l'ordre public », ils peuvent sanctionner les plus « audacieux » qui osent critiquer le Parti ou les décisions gouvernementales. Les sociétés du numérique – plateformes d'e-commerce comme les réseaux sociaux – sont responsables de ce qui est publié sur leur site. Certaines ont eu de lourdes amendes à payer ou ont été fermées[6] pour avoir laissé publier des contenus proscrits. Elles emploieraient entre 50 000 et 75 000 personnes pour surveiller et effectuer un nettoyage permanent. Vingt pour cent des 74 millions de membres de la Ligue de la jeunesse communiste chinoise[7] se sont proposés pour seconder les services de la Sécurité publique dans l'inspection méticuleuse de la Toile chinoise.

---

6. Clémence Maquet, « En Chine, une nouvelle réglementation d'Internet teintée d'autoritarisme », Siècle Digital, 12 janvier 2021.

7. « La Ligue de la jeunesse communiste célèbre son 100e anniversaire », RCI, 10 mai 2022.

Les Chinois ne sont pas dupes de la censure des médias et de l'emprise du pouvoir sur les réseaux sociaux. Une étude du groupe de recherche Citizen Lab a montré que plus de 132 termes relatifs à la pandémie de Covid-19 ont été bloqués sur le moteur de recherche Baidu dès la fin décembre 2019. Inquiets, beaucoup d'internautes vont détourner la censure en utilisant un VPN pour aller s'informer sur Google. Des millions de personnes étaient placées, le 23 janvier 2020, en confinement à Wuhan, la capitale du Hubei. Deux mille expressions au total seront ensuite interdites pour des « raisons de sécurité et de stabilité sociale ». L'administration du cyberespace avait averti que les plateformes seraient poursuivies si elles relayaient des informations « inquiétantes » ou « propageant la peur ». Une véritable démonstration de la puissance de coercition du système de censure et de contrôle de l'Internet chinois. Effectuer des recherches sur les moteurs chinois au sujet du Tibet ou du dalaï-lama, du mouvement religieux proscrit du Falun Gong, de la démocratie taïwanaise est impossible. Sur la guerre en Ukraine, les renseignements proposés sont repris ou adaptés des médias officiels russes. Reporters sans frontières, dans son classement sur la liberté de la presse 2022, place la Chine à la 175e place sur 180 pays. L'ONG considère la surveillance de l'Internet comme une des plus draconiennes dans le monde.

À Hong Kong, lors des grandes manifestations contre la loi sur l'extradition en 2019, la police a saisi des milliers de smartphones avec des applications qui permettaient de s'organiser sur le Dark Web, une zone cachée du Web mondial[8]. Pékin a astreint les opérateurs de la région autonome spéciale à vérifier l'ensemble des lignes pour connaître leur détenteur. Quinze millions de lignes téléphoniques « sans abonné connu » ont été résiliées, soit 1 % du parc. Depuis, les Hongkongais – à l'instar du reste de la Chine – doivent présenter une pièce d'identité lors de l'achat d'un téléphone et l'ouverture d'une ligne.

Le smartphone est devenu un élément crucial de la surveillance individuelle. Lors des JO d'hiver de Pékin 2022, il a été recommandé aux sportifs américains de se munir de téléphones jetables[9] et d'éviter de télécharger les applications Winter Olympic Pass ou une application comme Douyin (l'équivalent de TikTok en Chine), les utilisateurs donnant un accès à leur contenu aux serveurs des plateformes qui le transfèrent par la suite à des bases de données gouvernementales. À l'espionnage potentiel s'ajoute le risque du traçage, grâce à la carte SIM ou à l'implantation discrète d'un logiciel de géolocalisation. Plusieurs médias étrangers ont condamné de telles pratiques dont ont été victimes des journalistes et des étudiants étrangers vivant en Chine, surtout si leur destination est le Xinjiang ou le Tibet…

---

8. Ng Kang-chung, "Hong Kong Police Seized More Than 3,700 Mobile Phones from Protesters in Space of Five Months and Had Devices Broken Into to Read Contents, Security Chief Reveals", *South China Morning Post*, 8 janvier 2020.

9. « Le FBI recommande aux athlètes présents aux JO de Pékin de ne pas utiliser leur téléphone personnel », L'Équipe.fr, 3 février 2022.

Des applications indispensables au quotidien

Les autorités de santé chinoises ont vite imposé le téléchargement du « code QR Covid-19 » sur le mobile de toute personne vivant en Chine. Relié à un numéro de carte d'identité ou de passeport, le contenu du téléphone est partagé avec la police[10]. Le moindre déplacement effectué est analysé pour repérer d'éventuels contacts avec quelqu'un qui présenterait des symptômes de la maladie. Le code QR se teinte de rouge (contaminé en quarantaine), d'orange (cas contact) ou de vert (sain). La couleur attribuée interdit, limite ou autorise les sorties dans ou hors de son quartier. Des points de contrôle ont pullulé avec l'obligation de scanner son code QR pour utiliser les transports, fréquenter la plupart des lieux publics, avant de pénétrer dans une boutique pour faire ses courses, etc. En une seule journée, ce code QR devait être scanné jusqu'à 60 fois. Cette solution s'est révélée particulièrement efficace pour suivre à la trace la population souvent fort dépourvue pour joindre des responsables capables de donner des explications lors d'une mutation du vert au rouge, d'un jour sur l'autre. Les dérives se multiplient au sein de gouvernements locaux : les autorités de la province du Henan ont décidé, mi-juin 2022, de le faire passer au « rouge » pour des milliers d'habitants afin de les bloquer chez eux et de les empêcher de « retirer leur épargne » déposée dans quatre banques locales accusées

10. Anouch Seydtaghia, « Contre le virus, la tentation du pistage par smartphone », *Le Temps*, 20 mars 2020.

de malversations[11]. Sur les réseaux sociaux, de nombreux Chinois n'hésitent plus à dénoncer le code QR Covid-19 comme des « menottes électroniques destinées aux honnêtes gens ».

Le e-yuan, ou e-renminbi, est perçu comme un nouvel outil qui permettra un contrôle supplémentaire des individus. L'utilisation de cette monnaie numérique de la Banque centrale chinoise (ou MNBC pour « monnaie numérique de banque centrale ») a commencé en novembre 2020. Les médias nationaux ont indiqué que les traces des transactions effectuées depuis chaque compte bancaire seront conservées sur une base de données centralisée[12]. La monnaie physique – billets et pièces – est remise en cause sous couvert de la lutte contre la corruption, le blanchiment d'argent, les activités « criminelles » des jeux d'argent en ligne, jusqu'au financement du « terrorisme ». Le début de l'expérimentation officielle du e-yuan est tombé en pleine reprise en main du secteur des nouvelles technologies, dans lequel certains dirigeants des géants de la Tech – les BATX, ou « Baidu, Alibaba, Tencent, Xiaomi », ainsi que Huawei – étaient devenus ouvertement critiques à l'égard de la politique économique du président Xi Jinping. Depuis 2021, le minage du Bitcoin a été proscrit sur le territoire chinois. Et les deux groupes Tencent Holdings (WeChat Pay) et Ant Financial

11. Phoebe Zhang, Kate Zhang et Nick Yang, "Fears of Data Abuse as Chinese Health Code Turns Red for Financial Scandal Protesters", *South China Morning Post*, 14 juin 2022.

12. Darrell Duffie, "Can China Conquer Crypto?", *Foreign Affairs*, 22 avril 2022.

(Alipay)[13] s'apprêtent à perdre le monopole commun du paiement dématérialisé. Le règlement d'un achat ira dorénavant directement du compte bancaire de l'acheteur à celui du vendeur. À la fin 2022, ils seront plus de 210 millions de Pékinois, Shanghaïens et autres citadins des capitales de province à posséder un portefeuille numérique, avant une généralisation dont la date est inconnue.

Télécharger le code QR Covid-19 ou s'équiper du porte-monnaie en e-yuan donnent aux différents services gouvernementaux la possibilité de suivre avec minutie les actes et les mouvements des Chinois. Mais certains sont plus surveillés que d'autres : les 95 millions de membres du parti communiste (environ 6,7 % de la population), dès leur prestation de serment, doivent télécharger l'application de référence de la cellule qui les accueille. Le département central de la propagande du Parti a lancé, en janvier 2019, la plateforme multifonction Xuexi Jiangguo, dont la traduction a deux interprétations possibles : « Étudier pour renforcer le pays » ou « Étudier la pensée du président Xi pour renforcer le pays ». La télécharger est vivement conseillé aux membres du Parti et aux 70 millions de fonctionnaires, et pratiquement obligatoire pour les journalistes, qui doivent y effectuer un examen en ligne une fois l'année s'ils désirent conserver leur carte de presse. S'y rendre chaque jour pour étudier la « pensée Xi Jinping » sur « le socialisme à la chinoise dans une nouvelle ère », écouter des extraits de ses discours

13. Contrôlé par Jack Ma, qui est aussi le fondateur charismatique d'Alibaba. Il n'est plus libre de ses mouvements depuis la fin de l'année 2020.

présidentiels, puis répondre à un quiz sont des témoignages zélés d'une loyauté au parti-État. Selon le site du Open Technology Fund[14], l'installation de cet outil de propagande ouvre des *backdoors* ou « portes dérobées » pour espionner, piloter le smartphone à distance et exécuter des commandes comme déclencher le micro, repérer les autres applications en cours d'exécution, collecter les données personnelles (biométriques, messages privés, etc.). En revanche, une application de lutte contre la corruption, « Zero Trust » – qui a donné des résultats encourageants pour repérer les fonctionnaires corrompus –, touche une faible partie de l'administration et du Parti : quelques gouvernements locaux d'une trentaine de comtés ruraux et villes dans des zones déshéritées et éloignées…

Les évolutions du système de crédit social

L'idée du système de crédit social (SCS) remonte au début des années 1990. L'accélération du développement économique avait entraîné des bouleversements considérables dans la société chinoise. Il est alors indispensable de pouvoir répondre à la nécessité de prêts pour financer l'essor des petites et moyennes entreprises du privé en zones rurales et à la demande de crédit des consommateurs. L'adoption de la Triple représentativité[15] et l'absence de

14. "Studying 'Study the Great Nation'", Open Technology Fund, 12 octobre 2019.

15. Adoptée lors du 16e Congrès du PCC, en 2002, c'est le moyen d'intégrer officiellement les principaux acteurs du milieu des affaires issus de la libéralisation

régulations financières strictes ont provoqué l'explosion de la corruption. Cet attrait immodéré pour l'argent a encouragé la multiplication de pratiques commerciales immorales et prédatrices. C'est l'avènement d'une société dite de « faible confiance », qui souffre d'un vide moral[16].

Le Guangdong International Trust and Investment Corporation, ou GITIC, après un défaut de paiement proche de 5 milliards de dollars américains, est mis en liquidation sur décision de l'État[17]. Ce tournant remet en question la pratique d'intermédiaire financier de plusieurs centaines de sociétés d'investissement et de banques commerciales qui empruntent à l'étranger pour soutenir des projets en Chine. Ces pratiques sévissent surtout dans la construction des infrastructures et alimentent le secteur de l'immobilier[18]. À la demande du gouvernement, l'Académie chinoise des sciences sociales va rapidement créer un groupe de réflexion afin de trouver des solutions pour remettre de l'ordre dans les milieux de la finance et des banques. Une des idées avancées sera à l'origine du *shehui xinyong*, ou crédit social.

économique au sein du parti communiste et d'éviter de voir se constituer une force d'opposition politique.

16. Entretien avec Séverine Arsène, propos recueillis par Anne-Lorraine Bujon, « Le pouvoir numérique chinois », *Esprit*, décembre 2020.

17. « Chine : la faillite du Gitic, un tournant », *Les Échos*, 6 août 2019.

18. En septembre 2021, la bulle immobilière a commencé à éclater. Le géant Evergrande, créé en 1996, affiche une dette de 300 milliards de dollars américains. Jugé insolvable depuis 2012, il est accusé de fournir des informations mensongères sur sa situation financière. Ses difficultés ont entraîné en cascade la défaillance d'autres promoteurs.

Pour les premiers concepteurs, le crédit social doit porter sur le maintien de l'ordre public et favoriser la création d'un environnement favorable aux affaires dont dépend le développement économique du pays. En mettant en avant les notions de crédibilité et d'intégrité, ils pensent pouvoir renforcer la confiance du citoyen dans la société et en ceux qui la dirigent. Les premières directives gouvernementales pour l'établissement du système de crédit social (SCS) ont été publiées à partir de 2007. Quatre ans plus tard, on constate que l'administration fiscale, les banques d'État et collectives, et les tribunaux locaux ont régulièrement contribué à sa constitution avec d'innombrables ajouts. À ce stade, le SCS n'a rien à voir avec un contrôle politique. Mais il faut noter qu'il grandit en même temps que le développement des réseaux de vidéosurveillance et des systèmes de contrôle des réseaux internet, et qu'ils se nourrissent indépendamment des données individuelles que chaque citoyen génère.

Le Conseil des affaires d'État publie en 2013 un document-cadre qui définit la forme actuelle du SCS : « Plan de planification pour la construction d'un crédit social de 2014 à 2020 ». Le SCS est finalement un mélange de différentes initiatives d'entités étatiques ou d'entreprises du secteur privé. Affilié au groupe Alibaba, Ant Financial lance, en 2015, le Crédit Sésame. Il sera suivi par le groupe Tencent Holdings, cinq ans plus tard, qui s'octroie son propre service de crédit à la consommation en ligne. Les deux plateformes d'e-commerce développent aussi en parallèle des solutions d'e-paiement avec Alipay et WeChat Pay. Ils s'appuient sur les nouvelles technologies de l'IA pour récupérer et traiter les données. À partir de l'historique des paiements, des emprunts et crédits, de l'utilisation des cartes de crédit… mais aussi de la situation de famille, des déplacements, de la profession, etc. Ils notent la fiabilité, la solvabilité et la fidélité de leurs clients. Alibaba avait proposé la création d'un SCS en mesure d'accorder ou de retrancher des points sans intervention humaine au moyen d'algorithmes de l'IA et du *machine learning*. Le Conseil des affaires d'État n'a pas retenu cette proposition…

Différentes variantes du SCS sont testées dans 43 villes pilotes entre 2015 et 2016. Réduite à 28, la mise en œuvre est plus poussée en 2018 et 2019. Parmi les expérimentations les plus marquantes : Suining, dans la province du Sichuan, et Rongcheng, dans celle du Shandong. À Suining, les critiques de la population furent vite négatives face à un SCS axé sur la seule « sanction » avec la publication d'un catalogue des scores et des conséquences. Il sera abandonné. À Rongcheng, le SCS tient compte de différents systèmes, tant au niveau local que national. Les 670 000 habitants, comme les entreprises (privées, étatiques et collectives) et les organisations sociales, reçoivent 1 000 points à l'origine. Seuls les cellules du Parti communiste et les organes affiliés sont hors du système de notation.

Les comportements positifs ou négatifs font varier la note d'un maximum de 1 300 points jusqu'à un minimum de 600 points. Les mieux notés sont répertoriés sur la « liste rouge » pour recevoir des récompenses et les plus mauvais finissent sur une « liste noire » qui implique des sanctions[19]. Les points sont attribués ou retranchés à partir de critères choisis au sein d'un bureau de crédit social, où des fonctionnaires ont la responsabilité de regrouper les données, la plupart numériques, indispensables pour effectuer les évaluations. Il y aurait en 2022 plus de 10 millions d'individus et d'entreprises sur les listes noires[20].

Donner son sang à l'hôpital valorise le crédit social, cracher à terre ou ne pas faire son test PCR quotidien avec la pandémie de Covid-19 pénalise… Les notes négatives correspondent en général à une infraction à la loi ou au non-respect d'une réglementation. Sanctions et récompenses varient selon les provinces et les gouvernements locaux. Une personne mal notée peut se voir interdire de participer aux concours d'entrée dans les universités ou l'administration pendant quelques années, perdre le droit d'exercer certaines professions ou d'obtenir une licence professionnelle ou un passeport. Un établissement bancaire peut justifier avec une mauvaise notation son refus de donner une carte de crédit ou d'accorder un emprunt. Des parents mal notés n'ont pas pu inscrire leurs enfants à l'école publique. Deux cent quarante mille habitants de la municipalité de Wuhan ont bénéficié de points pour leur « attitude sociale exemplaire » durant le confinement en 2021. De bonnes notations permettent

---

19. Comme un arrière-goût maoïste, où les « bons » communistes étaient placés dans la classe « rouge » et les « ennemis de classe » dans la « noire ».

20. Vincent Brussee, "China's Social Credit System Is Actually Quite Boring", *Foreign Policy*, 15 septembre 2021.

d'être prioritaire pour l'attribution d'un logement social ou l'obtention d'un emploi, d'obtenir des réductions dans les transports en commun, de bénéficier du prêt gratuit de livres dans les bibliothèques municipales, etc.

Le « SCS entreprise » était censé aider à moraliser le secteur des affaires afin de combattre les violations du droit du travail, la corruption et les scandales environnementaux, mais également à accroître la confiance du consommateur après les nombreux scandales, comme celui du lait contaminé en 2008. Les sociétés mal notées sont accablées avec un taux élevé d'inspections en douane, une multiplication des contrôles de différents organismes étatiques, etc. Qu'advient-il d'une usine à laquelle l'administration refuse une licence d'exportation ou lorsque les dirigeants ne sont plus autorisés à effectuer des voyages d'affaires ? Les mieux notées sont favorisées lors de l'attribution de marchés publics, peuvent plus facilement emprunter aux banques d'État ou collectives. Avec la pratique, le SCS s'est révélé particulièrement utile pour archiver, centraliser les infractions à la loi et veiller au respect des sanctions prononcées par la justice.

À l'origine, le « SCS individuel » visait souvent des gens malhonnêtes qui refusaient de rembourser un prêt bancaire ou de régler leurs amendes, même s'ils en avaient les ressources. L'hypothèse qu'il se transforme en instrument « discret » de répression politique n'est pas à écarter. C'est ainsi qu'un journaliste de Chongqing, en 2019, s'est retrouvé placé sur une liste noire – avec l'impossibilité d'acheter un billet de train ou d'avion pendant de longs mois – à la suite d'une condamnation pour diffamation, car il avait enquêté d'« un peu trop près » sur les actes de corruption d'un responsable de gouvernement local[21]. Bien qu'il soit interdit de récupérer des informations liées à la santé ou à la religion, à Zhucheng, dans la province du Shandong, en pleine pandémie de Covid-19, le fait de camoufler ses symptômes et de sortir malgré l'obligation de quarantaine coûtait de 10 à 50 points.

La généralisation d'un SCS national était envisagée pour le 1er janvier 2020. Mais la pandémie de Covid-19 semble l'avoir repoussée à une date inconnue. À ce stade, l'idée d'un SCS unique et centralisé se heurte aux réticences des gouvernements locaux et de certains organismes de l'administration centrale qui craignent de perdre du pouvoir en partageant les données qu'ils récoltent. Reste un point essentiel, la qualité inégale de ces dizaines de milliards de données recueillies, une part volumineuse d'entre elles est inexploitable, d'autres ne peuvent pas – pour le moment – être retenues pour établir la note du crédit social. Une normalisation des critères retenus au niveau des organismes de l'administration centrale est en cours. Et face à des gouvernements locaux qui demeurent fort disparates dans leur manière d'utiliser le SCS, une liste noire « Crédit Chine » regroupe aujourd'hui au niveau national les entreprises les plus mal notées. De plus en plus de nouveaux règlements et de lois font référence au SCS comme moyen

21. « Avec le "crédit social", la Chine classe les "bons" et les "mauvais" citoyens », France 24, 1er mai 2019, https://www.youtube.com/watch?v=XflMhukDH-s.

pour les faire appliquer et respecter[22]. Comme le règlement sur l'administration des vaccins de 2019 et les lois sur la biosécurité de 2020.

Quelles seront les évolutions du SCS au cours du plan quinquennal actuel qui s'achève en 2025 ? S'orienter vers une « plateforme bureaucratique pour coordonner les systèmes légal et réglementaire » ou muter en « outil de gouvernance autoritaire » comme clé de voûte d'une « infrastructure de surveillance de masse »[23] ? Le parti-État finira-t-il par y associer les analyses des captations d'images de la vidéo-surveillance et des traces des échanges individuels sur les réseaux sociaux ? Le citoyen chinois est dorénavant géolocalisable partout dans le monde avec le système de navigation satellitaire Beidou (BDS) que la Chine a mis sur orbite pour remplacer le GPS[24].

À l'avenir, le SCS utilisera-t-il des algorithmes d'IA pour gérer le flux des données personnelles afin d'attribuer automatiquement des points : la solution proposée par des ingénieurs du groupe Alibaba ? Sans une percée de la recherche chinoise dans le domaine quantique pour créer des supercalculateurs superpuissants[25], il est difficile – si ce

---

22. "Xi Jinping: In building rule by law, we must focus on improving the systemic environment and strengthen the construction of the Social Credit System", 12 octobre 2020.

23. "China's Social Credit System in 2021: From Fragmentation Towards Integration", Mercator Institute for China Studies, 3 mars 2021.

24. Barry van Wyk, "BeiDou is Ready to Take on GPS", SupChina, 6 avril 2022.

25. Holly Chick, "No Sign of China's New Supercomputers among World's Top500", *South China Morning Post*, 3 juin 2022.

n'est impossible – de gérer les données de plus d'un milliard de Chinois[26]. La construction du réseau 5G améliore la collecte. Mais cent fois plus véloce, la 6G ouvre des perspectives pour communiquer à l'aide d'un réseau qui s'étendra « dans les airs, dans l'espace, sur terre et en mer »[27].

Le Xinjiang, laboratoire des outils numériques de coercition

En 2021, sur les 26 millions d'habitants de la Région autonome ouïghoure du Xinjiang, les Ouïghours sont 11,5 millions, les Chinois Han presque 11 millions, les Kazakhs 1,5 million, puis viennent les Tadjiks, les Hui et les Kirghiz. L'ethnie chinoise Han représente 42 % de la population contre 6 à 7 % en 1949[28]. Nombre d'entre eux se sont installés depuis le milieu des années 1950, grâce au Corps de production et de construction du Xinjiang – plus communément désigné sous le nom de *Bingtuan.* Cette organisation gouvernementale semi-militaire a joué un grand rôle économique. Elle exploite des millions d'hectares de terres.

Au début des années 1990, pour renverser la démographie en faveur des Chinois, le gouvernement central va faciliter

---

26. Marc Julienne, « Le rêve quantique chinois, les aspirations d'un géant dans l'infiniment petit », Études de l'Ifri – Centre Asie, février 2022.

27. « 100x plus rapide que la 5G, la 6G sera utilisable en mer, dans l'air et… dans l'espace », *Frandroid.com*, 30 septembre 2019, https://www.frandroid.com/marques/huawei/628285_100x-plus-rapide-que-la-5g-la-6g-sera-utilisable-en-mer-dans-lair-et-dans-lespace.

28. "Xinjiang Population Dynamics and Data", livre blanc du Conseil des affaires d'État de la République populaire de Chine, septembre 2021.

leur migration d'autres provinces vers le Xinjiang. Dans cette partie considérée comme une des plus pauvres du pays, la croissance économique s'emballe dans les années 2000 avec l'exploitation du pétrole, du gaz naturel et du polysilicium, à la base de la fabrication des panneaux solaires. Le Xinjiang fournit 20 % de la production mondiale de coton et est leader mondial dans le secteur de la « tomate industrielle »[29]. Malgré des résultats encourageants, les Ouïghours et les Kazakhs restent marginalisés économiquement et culturellement. Des tensions interethniques éclatent en 2009, avec un bilan officiel de 197 morts – pour la plupart des Chinois Han – et 1 700 blessés. Mille autochtones sont arrêtés[30].

Des attaques mortelles – souvent à l'arme blanche – de Ouïghours contre des Chinois ont lieu à Pékin, à Kunming, dans le Yunnan, et dans la capitale de la province, Urumqi, en 2013 et 2014. Le parti-État s'engage, deux ans après, dans une « guerre du peuple contre le terrorisme violent, la radicalisation et le séparatisme » avec 100 000 hommes de la Police armée du peuple (PAP) pour « frapper fort » la population locale et s'attaquer à ses pratiques religieuses et aux coutumes locales[31]. Les adultes musulmans réfractaires et les religieux qui s'opposent aux nouvelles directives de Pékin sont arrêtés. En un an, les prisons se remplissent. Les

29. Jean-Baptiste Malet, *L'Empire de l'or rouge. Enquête mondiale sur la tomate d'industrie*, Fayard, 2017.

30. Nathan Beauchamp-Mustafaga, "Bearing Witness 10 Years on: the July 2009 Riots in Xinjiang", *The Diplomat*, 29 juillet 2019.

31. Ben Blanchard, "China Says 13,000 'Terrorists' Arrested in Xinjiang since 2014", Reuters, 18 mars 2019.

centres de rééducation par le travail – désignés officiellement comme « centres d'enseignement et de formation professionnels » – surgissent par centaines. On estime que 10 % à 15 % des adultes y auraient été enfermés, soit de 900 000 à 1,5 million de prisonniers.

Les « entraves volontaires à la naissance » orchestrées dans les camps, par stérilisation chimique des femmes, ont fait décliner le taux de natalité, dans les deux plus importantes préfectures du Xinjiang, de 84 % entre 2015 et 2018. La baisse s'est poursuivie en 2019[32]. L'Assemblée nationale française a adopté, le 20 janvier 2022, une résolution qui dénonce le « génocide des Ouïghours ». Pour Pékin, la région autonome bénéficie aujourd'hui de « stabilité sociale » et « d'harmonie », et le développement économique actuel est gage de « prospérité ». Grâce au parti-État, les habitants mèneraient « une vie sûre, heureuse et épanouissante »…

Après avoir imposé une stratégie sécuritaire liberticide au Tibet, Chen Quanguo[33] est nommé secrétaire général du Parti dans le Xinjiang en 2017, pour « frapper fort contre l'extrémisme terroriste ». Il s'engage dans une politique des « quatre ruptures » : casser les lignées familiales, déraciner les ethnies minoritaires de la religion et de leur culture, briser leurs relations avec l'extérieur, jusqu'à les sevrer de leurs origines. La

32. Michel Eltchaninoff, « Les Ouïghours sont-ils victimes d'un génocide ? La réponse de Marie Holzman à Jean-Louis Margolin », *Philosophie Magazine*, 18 février 2022.

33. Il est membre du Politburo du parti communiste depuis 2017, il devrait être promu vice-Premier ministre à l'automne 2022, lors du 20e Congrès du parti communiste.

région ouïghoure est transformée en laboratoire *in vivo* des innovations technologiques du numérique pour le contrôle social de masse. Mais, sans les algorithmes de l'IA, la détention arbitraire de masse, l'endoctrinement politique de force, la limitation des déplacements, la répression religieuse, l'ensemble de ces mesures répressives auraient quand même eu lieu.

Le réseau vidéo de caméras à reconnaissance biométrique est le plus dense du pays. Elles sont reliées à 9 000 centres de surveillance et sont présentes sur des dizaines de milliers de points de contrôle au passage entre comtés, où s'effectuent les balayages du visage et des contenus des smartphones. Dans la région rurale de Kashgar, depuis 2017, 10 000 caméras et des points de contrôle policiers tous les 100 mètres surveillent et pistent les habitants, avec une concentration particulière aux nœuds ferroviaires et routiers, dans les rues commerçantes, et à l'intérieur comme à l'extérieur des mosquées. Pour entrer dans un supermarché ou une agence bancaire, les sacs doivent passer dans des machines à rayons X, et le corps du client au détecteur manuel : tout est scanné si l'on appartient aux « mauvaises ethnies ». Megvii a collaboré avec Huawei pour développer une « alarme ouïghoure » qui automatiserait la détection de leur visage[34].

La collecte des données biométriques est massive dans la tranche des personnes âgées de 12 à 65 ans : empreintes digitales et vocales, images de l'iris, groupe sanguin et échantillons d'ADN. Dans le nord du Xinjiang, dans le comté de

34. Ouvrage collectif sous la direction de Darren Byler, Ivan Franceschini et Nicolas Loubere, *Xinjiang Year Zero*, Australian National University Press, 2021.

Shawan, qui compte 200 000 résidents, 72 000 sont d'origines ethniques non Han. Le gouvernement local y a fait établir une *safe city* pour 500 millions de yuans. Selon l'étude de faisabilité de la société chinoise Jiaxinjie Technology, le système Shawan Face++ a la capacité de reconnaître dans un premier temps un individu, puis il pourrait ensuite le suivre afin de compléter et mettre à jour son profil en recueillant des données sur son comportement dans la société : « Manière de communiquer et de lier contact avec les autres, habitudes de consommation et d'achats, conduite citoyenne pour anticiper sur d'éventuelles incivilités ou violations de la loi[35]. »

Au Xinjiang, les entreprises chinoises s'autorisent à créer des outils sophistiqués sécuritaires, parmi les plus sophistiqués du monde, pour permettre à la police chinoise de contrôler les corps comme les esprits. Des logiciels espions et des périphériques d'analyse externe peuvent explorer le contenu complet d'un smartphone en quelques minutes. Des systèmes de balayage, ou *wardriving*, qui servent à surveiller les réseaux Wifi et à en apprécier le niveau de protection. De nombreux Ouïghours, repérés pour avoir utilisé un VPN et WhatsApp, ont été arrêtés pour « activité terroriste ». Pourtant, c'est le rare moyen pour la plupart de se connecter à leur famille au Kazakhstan ou en Malaisie, ou de maintenir un lien avec leurs compagnons du Hadj – s'ils ont eu la possibilité de se rendre à La Mecque[36] –, ou avec leurs enfants qui étudient à l'étranger.

35. *Ibid.*

36. Areeb Ullah, "China's Hajj Crackdown: Uighur Muslims Face Uphill Battle to Get to Mecca", Middle East Eye, 1er septembre 2017.

L'ensemble des données générées par l'activité sur le réseau internet, la géolocalisation grâce au smartphone et la vidéosurveillance nourrissent la Plateforme intégrée d'opérations conjointes (ou IJOP pour « Integrated Joint Operations Platform ») où tout habitant du Xinjiang est enregistré à partir du numéro de sa carte d'identité. Chaque dossier numérique individuel comporte des informations sur les membres de la famille et les amis, le logement et ses consommations d'eau, de gaz et d'électricité, les moyens de locomotion, ou encore le code QR gravé sur les couteaux achetés[37].

À partir du piratage de milliers de documents informatiques enregistrés de 2000 à 2018 dans les bases de données des antennes de la Sécurité publique des préfectures de Kashgar et d'Ili, des centaines de registres prouvent que la police a récupéré des données personnelles des 286 000 habitants ouïghours et kazakhs dans le seul comté de Konasheher. À la suite de l'analyse de ces données, plus de 12 % des personnes répertoriées ont subi une période de détention en prison ou dans un « centre d'enseignement et de formation professionnelle[38] ». Dans leur cellule, les salles de classe et les ateliers de production, des moniteurs audiovisuels surveillent et dispensent sans cesse des programmes

37. Le couteau est une arme blanche dont l'achat est soumis à la présentation de la carte d'identité. Un code QR est gravé sur la lame pour faciliter les recherches de la police s'il venait à être utilisé lors d'un attentat.

38. Adrian Zenz, "The Xinjiang Police Files. Re-Education Camp Security and Political Paranoia in the Xinjiang Uyghur Autonomous Region", *The Journal of the European Association for Chinese Studies*, vol. 3, 24 mai 2022.

d'études. Les détenus sont ainsi sous surveillance permanente : houspillés s'ils s'endorment au mauvais moment, s'ils échangent en langue ouïghoure ou s'ils prennent des positions incorrectes et des attitudes qui laissent à penser qu'ils « sont en prière ».

La société Hebei Far-East Communication System – qui a développé l'IJOP – est une filiale de China Electronics Technology Group Corporation (CETGC), liée à l'Armée populaire de libération. Le groupe crée en 2017 un nouveau laboratoire national de gestion des mégadonnées pour « faciliter la prévention et le contrôle » des forces de la Sécurité publique, en particulier à Urumqi. Il s'agit d'inventorier les faits et gestes de quelqu'un pour les comparer à « 36 attitudes types » répertoriées qui laisseraient à supposer un état d'esprit récalcitrant. À une échelle globale, le système peut à un instant défini évaluer l'état de résistance de la population[39]. La société Landasoft Data Tech a aussi développé des algorithmes de l'IA pour attribuer des « notations » afin de classer les individus en « fiables », « dangereux » ou « observation à poursuivre ». Une personne considérée comme une menace finit soit en prison, soit dans un centre de rééducation. En quelques années, une anxiété chronique et une peur permanente se sont installées parmi les ethnies minoritaires face à une utilisation d'outils technologiques numériques de pointe digne d'une dictature numérique ou « digitature ».

39. "China's Algorithms of Repression", rapport d'Human Rights Watch, mai 2019.

Un système numérique liberticide à la conquête du monde

En devenant une des premières puissances technologiques mondiales, la Chine s'est transformée en laboratoire *in vivo* du contrôle social de masse avec l'utilisation d'algorithmes de l'IA. En dehors du SCS, de nombreuses solutions numériques de notation sont à l'étude, entre autres : un « code QR santé » pour évaluer les comportements « sains » ou « dangereux » du citoyen à l'égard de sa santé[40] ; une application chargée de noter les parents dans leur façon d'éduquer leur enfant[41]. Cette recherche continue dans l'établissement de profils types d'individus « sains » ou « malsains », comme dans la mise en œuvre d'algorithmes prédictifs pour contrecarrer un individu avant qu'il ait « mal » agi, montre que les nouvelles technologies du numérique en Chine viennent renforcer l'autoritarisme politique. Sans contre-pouvoir effectif au sein de la société civile chinoise, ce qui est pratiqué au Xinjiang pourrait bien s'étendre sur l'entièreté du territoire et, qui sait, au-delà.

Des Ougandais ont manifesté, en novembre 2020, contre le système de vidéosurveillance installé par la société Huawei, qui a épaulé le gouvernement du président Museveni dans sa traque de plus de 800 opposants[42]. De son côté, le

---

40. Alistair, « Chine : fumer pourrait bientôt vous faire perdre des points », VapingPost, 24 juin 2020.

41. Phoebe Zhang, "Chinese Province Creates Points System at Parenting School That Teaches People How to Raise Children", *South China Morning Post*, 6 juillet 2021.

42. Stephen Kafeero, "Uganda is Using Huawei's Facial Recognition Tech to Crack Down on Dissent after Anti-Government Protests", *Quartz Africa*, 27 novembre 2020.

gouvernement tanzanien se serait inspiré des lois chinoises sur le contrôle des contenus numériques. Les sociétés chinoises dans le domaine des nouvelles technologies numériques de surveillance sont très dynamiques à l'international. En dehors d'accroître leur chiffre d'affaires – ce qui n'est pas négligeable pour Pékin – et leur présence dans de nombreux pays de l'initiative « la Ceinture et la Route » (ICR)[43], elles collaborent avec leur gouvernement pour étendre l'utilisation d'un système de gouvernance numérique liberticide aisément adaptable, puisqu'il ne touche en rien à l'idéologie : de la Birmanie au Cambodge, de la Malaisie au Pakistan, du Kirghizistan au Népal, du Sénégal au Cameroun, etc. Reste aux politiques et aux acteurs de la société civile des pays démocratiques à être vigilants sur l'utilisation de l'IA dans le domaine de la surveillance de masse civile ou militaire[44].

43. ICR, souvent désignée sous le nom de « nouvelle route de la Soie », qui regroupe 150 pays en 2022.

44. Rapport des députés européens sur l'intelligence artificielle et l'interdiction des applications de notation sociale, 21 janvier 2021, https://www.europarl.europa.eu/doceo/document/TA-9-2021-0009_FR.pdf.

TIANANMEN : LE MASSACRE OUBLIÉ

L'opinion publique a retenu une image forte, symbolique : celle de ce jeune homme s'opposant seul à l'avancée d'un char d'assaut. Mais, aussi emblématique soit-elle, cette scène ne saurait résumer à elle seule le drame de la place Tiananmen. Le 4 juin 1989, les manifestations ont été réprimées avec une violence inouïe. Un Français résidant à Pékin a pris plusieurs photographies qui en montrent l'atrocité. Il a ensuite réussi à sortir ces clichés de Chine. Ils n'avaient jamais été publiés auparavant et constituent des documents historiques pour prendre la mesure exacte du drame et de la violence du régime.

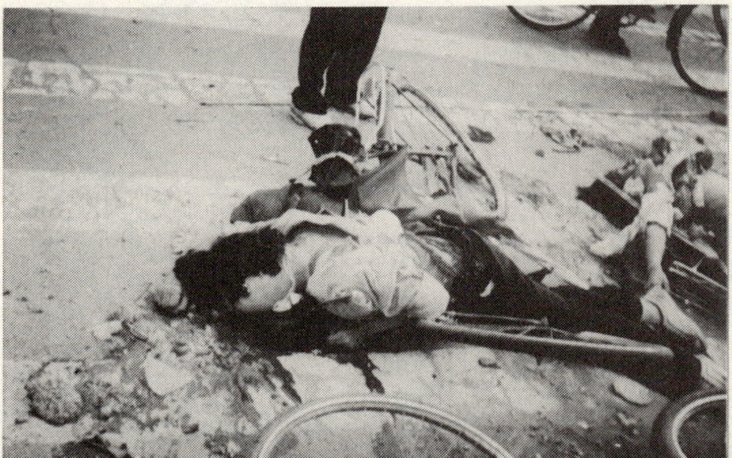

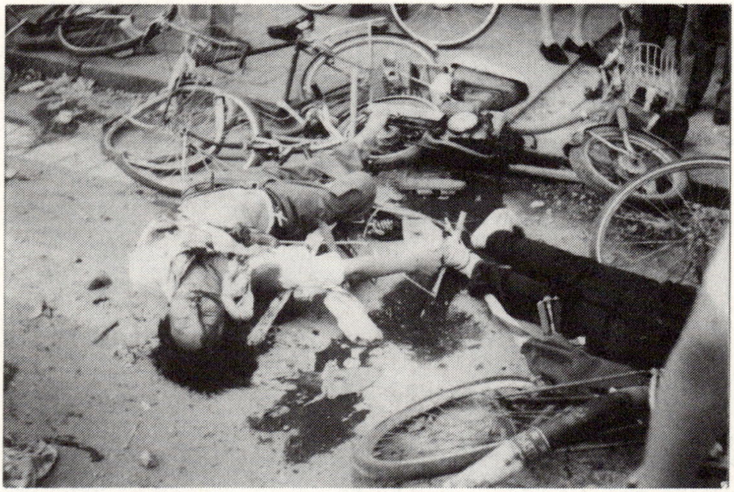

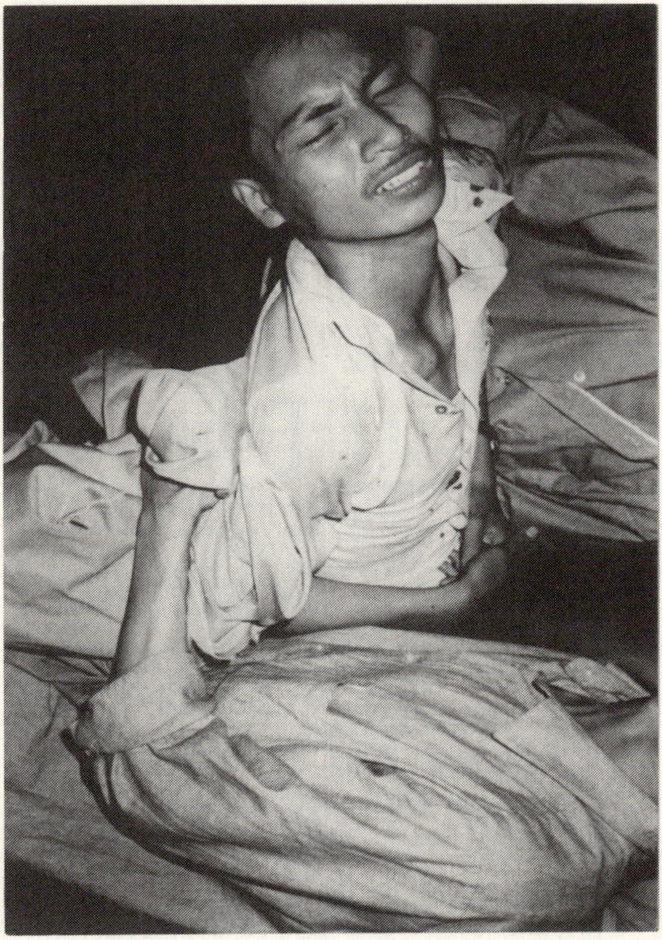

« QUATRE-VINGT-DIX AGENCES
ET SERVICES À VOCATION
DE RENSEIGNEMENT, COMPTANT
PARFOIS DES CENTAINES PARFOIS
DES MILLIERS DE FONCTIONNAIRES,
RECUEILLENT ET ANALYSENT
DES RENSEIGNEMENTS PORTANT
SUR TOUS LES DOMAINES :
L'INDUSTRIE PHARMACEUTIQUE
OU LE SECTEUR VÉTÉRINAIRE,
L'ESPIONNAGE SPORTIF, LA BANDE
DESSINÉE OU LA MODE... »

CHAPITRE 3

L'espionnage chinois à la conquête du monde

Par Roger Faligot,
reporter et écrivain, spécialiste
des services de renseignement,
notamment asiatiques,
auteur de Les Services secrets chinois.

Depuis le début du XXIe siècle, les Chinois ont profité de ce que les États-Unis ont été frappés en plein cœur par le djihadisme islamiste (en septembre 2001) et que l'URSS, déstructurée par la contre-révolution de 1991, a vu le vaste KGB désorganisé et fragmenté. La nature a horreur du vide. Les services secrets chinois, encouragés par les dirigeants du PCC successeurs de Deng Xiaoping, ont déployé leurs opérations à travers le monde comme jamais auparavant. Avec pour objectif de favoriser l'accession de la Chine au statut de première puissance économique et militaire.

Pour ce faire, ils ont opéré par cercles concentriques autour de leur domaine de prédilection asiatique avant de jeter leurs filets à travers la planète, notamment sur des axes stratégiques tels que les routes de la Soie (terrestre et maritime) ou le « collier de perles » autour de l'Inde. Le résultat est patent : on a assisté à une démultiplication d'opérations d'espionnage politique, de pillage scientifique et technologique, de renseignement stratégique et militaire.

Aucun domaine n'est épargné. Pour le moment, la Chine est bon troisième sur le podium des meilleurs services secrets, derrière les États-Unis et la Russie (dont la communauté du renseignement a été recomposée grâce à Vladimir Poutine). Mais le développement en est toujours croissant depuis 2012, Xi Jinping ayant repris en main les services de sécurité intérieurs et extérieurs, les agences de cyberguerre ou d'espionnage sous tutelle de l'Armée populaire de libération (APL) [ou *Qingbaobu*, 情报部] purgée et reformatée.

Il m'a fallu plusieurs livres pour en détailler le *modus operandi*. Impossible de réduire le descriptif de ce puissant conglomérat du renseignement à quelques lignes[45]. Toutefois, on peut distinguer des lignes de force récurrentes dans les opérations des services secrets chinois, à commencer

45. Le dernier en date : R. Faligot, *Les Services secrets chinois. De Mao au Covid-19*, Nouveau Monde, 2022.

par celles du *Guoanbu* (国安部 ou ministère de la Sécurité d'État) qui réalise, avec l'APL, le plus gros des missions d'espionnage à l'étranger.

Tournons-nous vers l'Inde : la multiplicité des actions qui opposent les Chinois aux Indiens est à l'échelle de la lutte entre ces deux géants. Ainsi, en 2020, la R&AW (Research & Analysis Wing) indienne doit renforcer les mesures de protection des Tibétains en exil à Dharamsala et s'opposer au mouvement séparatiste de l'Arunachal Pradesh (dans l'Assam) soutenu par les Chinois, qui ont monté des camps d'entraînement à la guérilla dans le Yunnan et Myanmar. En 2022, ce sont les instituts Confucius (dont celui de Mumbai) qui voient leur action restreinte par New Dehli au motif de servir de paravent à l'espionnage et aux jeux d'influence. Puis se multiplient des cyberattaques, réalisées notamment par le groupe TAG38 dépendant du *Guoanbu* et de l'APL.

Aux États-Unis, la mise à jour d'opérations d'espionnage économique et technologique progresse sans cesse. Des « taupes chinoises » y sont régulièrement découvertes, ce que prouve la condamnation récente de fonctionnaires du renseignement américains tels Kevin Mallory et Jerry Chun Shing Lee (anciens de la station de la CIA à Pékin).

Les alliés des Américains sont aussi frappés. En Asie-Pacifique, l'Australie ou la Nouvelle-Zélande sont ébranlées par des scandales de recrutement de membres du personnel politique par le *Guoanbu*, avec des opérations « miroir » dans l'ancienne puissance tutélaire, en Grande-Bretagne.

La France n'est pas oubliée, au point que les services spéciaux français ont été infiltrés par les Chinois. En témoigne le procès de deux ex-fonctionnaires de la DGSE, dont l'ancien chef de poste à Pékin, condamnés à la prison en juillet 2020[46]. La riposte se veut constante : en avril 2021, le général Éric Bucquet, chef de la sécurité militaire (DRSD), a évoqué le travail de son service pour contrer les menées visant l'arsenal de Brest, le ComRens (commandement de renseignement) à Strasbourg, le Centre de transmissions de la marine à Rosnay (Indre)[47]... Le contre-espionnage œuvre dans la protection des laboratoires face à une offensive chinoise dans le domaine scientifique : espionnage des entreprises travaillant dans le domaine de l'intelligence artificielle, le clonage du CERN (Centre d'études et de recherche nucléaire) en Suisse, l'institut Max-Planck, tandis que le *Guoanbu* offre « le pont d'or » à des scientifiques récemment retraités. Ainsi, les spécialistes s'accordent pour dire que le *Guoanbu* profite des tensions que constituent les conflits autour de l'Ukraine et de Taïwan pour monter ses opérations.

Les services de renseignement chinois ont-ils été pris en défaut, incapables de prévoir l'intervention militaire russe en Ukraine en février 2022 ? Ont-ils joué au contraire un double jeu visant à tromper leur « adversaire principal », les États-Unis, comme ils l'ont fait en Afghanistan, à la faveur de la défaite de ces derniers, six mois plus tôt ? Ces mêmes services ont-ils été préalablement prévenus de l'offensive de

46. Voir l'excellente enquête d'Antoine Izambard et Franck Renaud, *Trahisons à la DGSE*, Paris, Stock, 2022.

47. *Intelligence Online*, 30 avril 2021.

Vladimir Poutine ? Quels moyens ont-ils mis en action pour informer en temps réel la direction du parti communiste de l’évolution des combats ? Et pour tirer les conclusions sur l’éventualité d’une *Blitzkrieg* que préparerait Pékin sur Taïwan ? Enfin, quel effort diplomatique parallèle les services spéciaux auront-ils joué dès le printemps 2022 pour faciliter des négociations en profitant de l’ancienne triangulation Pékin-Moscou-Kiev ?

Ces questions méritent d’être posées. La crise russo-ukrainienne offre en effet une opportunité exceptionnelle de décrire le fonctionnement de la communauté du renseignement et des services secrets au terme d’une décennie de pouvoir de Xi Jinping, à la tête du parti communiste, de la Commission militaire centrale (CMC) et de l’État.

L’ancien patron du parti de Shanghai a réussi ce que nul avant lui – pas même Mao Zedong – n’avait pu réaliser : unifier ces divers secteurs, consolider leur contrôle pyramidal, en forgeant une doctrine nouvelle de la sécurité nationale, et assurer le meilleur déploiement possible de ses agents secrets à l’étranger dans un effort constant pour accompagner l’objectif central, le passage à l’état de superpuissance économique et géostratégique de la Chine au XXIe siècle.

Cependant, comme on va le voir, Xi doit faire face à des problèmes à la fois spécifiques au monde du renseignement, aux crises récurrentes au sein du PCC et aux bouleversements mondiaux, dont la pandémie de Covid-19 n’est pas la moindre de ses préoccupations. Pourtant il a cru pouvoir l’instrumentaliser pour intensifier le contrôle des populations en Chine et à Hong Kong, où la perte des droits fondamentaux a donné un exemple impitoyable de la façon dont sont utilisés les services de sécurité chinois, au point de propulser l'un des leurs à la tête de l'exécutif dans l'ancienne colonie britannique[48].

Un siècle d'influence russe sur les services chinois

Un bref survol historique s'impose quand on veut comprendre pourquoi le fonctionnement de ces services spéciaux est si particulier. Partons de la naissance du communisme chinois, en omettant la tradition plus que millénaire de l'espionnage de l'empire du Milieu, qui nous ferait remonter à l'époque des Trois Royaumes ou à *L'Art de la guerre*, de Sun Zi.

En un siècle s'est produit un formidable va-et-vient dans le monde du renseignement entre les deux voisins, parfois alliés, parfois hostiles. Les Russes et les Chinois ont été tour à tour « camarades de combat sur le front invisible », « frères ennemis » au milieu du XXe siècle, et à nouveau étroits collaborateurs, quoique rivaux, au siècle suivant.

Dès que le Parti communiste chinois a été fondé à Shanghai, en 1921, les instructeurs de l'Internationale communiste (Komintern) et les services spéciaux soviétiques (le Guépéou devenu NKVD, et le GRU, service spécial de l'Armée rouge) ont favorisé la formation de son service de renseignement et de sécurité. Il fut principalement organisé par Zhou Enlai, le futur ministre des Affaires étrangères et Premier ministre de Mao, et par son adjoint Kang Sheng, le « maître-espion de Mao »,

48. Voir à ce sujet le chapitre 2, proposé par notre collègue Alain Wang.

formé à Moscou dans le « travail des affaires spéciales » [*tewu gongzuo*, 特务工作].

On connaît parfaitement le mode d'organisation bolchevique en Chine grâce à la saisie des archives de l'ambassade soviétique à Pékin en 1927 par le Guomindang, mais aussi aux révélations du rôle du kominternien nantais Jean Cremet, clandestin à Shanghai à cette époque[49]. Au cours des deux dernières décennies, de multiples mémoires, des biographies et des études historiques ont été publiés en Chine, à Hong Kong et à Taïwan, dont de nombreux volumes garnissent ma bibliothèque. Bourrés de détails techniques, ils mettent à l'honneur les opérationnels et les grandes figures emblématiques de cette guerre secrète.

De plus, en 2017, à Pékin, le gouvernement a rendu un hommage appuyé aux vétérans du « front souterrain » [*yinbi zhanxia*, 荫蔽战线] et à la création en 1927 du Bureau des enquêtes du Comité central [*zhongyang diaochabu*, 中央调查部], un service de renseignement politique qui deviendra la colonne vertébrale des services secrets jusque dans les années 1980.

Dès cette époque s'est forgé un dispositif encore valable de nos jours : à la tête de chaque cellule, de chaque base étrangère, de chaque dispositif régional ou du service central agit un binôme composé d'un expert de l'espionnage ou du contre-espionnage doublé d'un commissaire politique qui

49. Sur le rôle exceptionnel du Nantais Jean Cremet, voir Roger Faligot et Rémi Kauffer, *L'Hermine rouge de Shanghai*, Les Portes du large, 2005. Sur le rôle des « services soviétiques en Chine » : Viktor Ouzof, *Sovietskaya razvedka v Kitae* [советская разведка в Китае], Olma Press, 2002.

garantit la qualité idéologique du plan de renseignement et de la mise en pratique des opérations secrètes.

Dans les années 1930 et 1940, pendant la clandestinité et au cours de la guerre antijaponaise – à la ville comme à la campagne –, puis lors de la guerre civile entre l'Armée populaire de libération (APL) et l'armée nationaliste du Guomindang, les services soviétiques ont puissamment aidé les communistes chinois à forger leur dispositif.

À partir de la fondation de la République populaire de Chine, en 1949, le NKVD (bientôt renommé NKGB) a aidé à créer le ministère de la Sécurité publique [*Gonganbu*, 公安部], dirigé jusqu'en 1959 par le maréchal Luo Ruiqing, ultérieurement chef d'état-major de l'APL. Le parcours de ce révolutionnaire du Sichuan est tout à fait remarquable, puisqu'il fut formé à Moscou dans l'art de l'espionnage, où il acquit une admiration sans bornes pour Félix Dzerjinski, le fondateur du Guépéou. Peu après, il se retrouva dans une école clandestine en France installée par le Komintern, avant d'être directeur adjoint du renseignement militaire communiste pendant la Longue Marche comme adjoint du futur maréchal Lin Biao[50].

Cependant, dans les années 1960-1970, Kang Sheng a été l'un des artisans de la bataille idéologique qui a mené au schisme sino-soviétique et à la guerre secrète entre Moscou et Pékin. Kang est alors officiellement responsable de la

50. Voir la biographie collective établie sous la direction de l'ex-ministre du *Gonganbu*, Tao Siju, *Luo Ruiqing, premier directeur du* Gonganbu [罗瑞卿 – 新中国第一任公安部长,1996, Qunzhong Chubanshe].

Direction des liaisons internationales du PCC (DLI) – également chargée de créer des partis communistes prochinois à travers le monde –, un poste identique à celui de son adversaire soviétique au PCUS, Iouri Andropov, nommé patron du KGB à partir de 1967.

Pendant cette Révolution culturelle, Kang Sheng est l'un des principaux manipulateurs des Gardes rouges aux côtés de Jiang Qing, l'épouse de Mao Zedong, inspiratrice de la « bande des Quatre », qui prônait un courant d'ultragauche pour le cours de la révolution.

À la tête des services secrets de Mao, Kang aura été aussi l'architecte de purges dans le Parti. Ainsi, outre les maréchaux Luo Ruiqing et Lin Biao, ou le secrétaire général du PCC Deng Xiaoping, Xi Zhongxun, le père de Xi Jinping, en a été victime, ce qui explique la méfiance de ce dernier à l'égard des services secrets[51]. Avant de vouloir formater à son tour un dispositif encore plus totalitaire que ce que voulait constituer Kang Sheng, grâce à l'emploi de l'arme fatale : le numérique.

En 1965-1966, les services de renseignement et de sécurité sont disloqués par les batailles de factions au sein du Parti. Seul le Bureau des enquêtes du Comité central (*Diaochabu*) a été partiellement préservé par Zhou Enlai qui, sous la direction d'une légende du renseignement communiste chinois, Luo Qingchang (1918-2014), l'avait placé sous les ailes protectrices du ministère des Affaires étrangères et de l'APL.

51. Roger Faligot et Rémi Kauffer, *Kang Sheng, le maître espion de Mao*, Robert Laffont, 1987 ; édition de poche : Perrin, 2014. Lin Qingshan, *Kang Sheng waizhuan*, 康生外傳, Xingchen Chubanshe, 1987.

Au cours de la décennie suivante, recouvrant ses prérogatives politiques, Deng Xiaoping a jeté les bases du ministère de la Sécurité d'État [*Guojïa Anquan Bu* ou *Guoanbu*, 国家安全部 ou 国安部], formé en 1983 à partir de structures du service de contre-espionnage de la Sécurité publique et d'éléments du fameux *Diaochabu*. Calqué sur le modèle du KGB soviétique, il reçut pour fonction d'élargir le cercle des activités secrètes à l'étranger, notamment dans les domaines économique et technologique. Avec un pragmatisme assumé, copiant les Japonais, la direction chinoise établit également un ministère pour les Relations économiques étrangères et le Commerce (MOFERT, plus tard MOFTEC), aux puissantes fonctions de veille économique et de *business intelligence*. De même, le 17e bureau du *Guoanbu*, longtemps dirigé par Tian Gengren, développe le renseignement économique, comprenant une section « Entreprises » qui n'aura de cesse de croître.

Avec Deng Xiaoping, tant le *Guoanbu* que le 2e département de l'APL, chargé du renseignement militaire, se sont rapprochés de leurs homologues soviétiques, procédant à des échanges jusqu'à la chute de Gorbatchev et de l'URSS, alors que s'éloignent les conflits qui les opposaient en Afghanistan et sur le continent africain.

Au cours de la décennie suivante, les services secrets chinois organisent à l'étranger la traque aux dissidents : les séparatistes tibétains ou ouïghours, les étudiants contestataires de l'après-Tiananmen (1989), les affidés du Falun Gong, mouvement philosophico-gymnique empreint de principes taoïstes et propagateur du Qigong (après 1999).

Cette logique pragmatique prévalant, Chinois et Russes ont intensifié leurs rapports au cours des deux présidences de l'après-Deng, celles de Jiang Zemin et de Hu Jintao.

D'autant que d'anciens agents des services soviétiques sont désormais à la manœuvre à Moscou : à commencer par l'ancien officier du KGB Vladimir Poutine, tour à tour patron du FSB, Premier ministre sous Boris Eltsine, au lendemain de l'implosion de l'URSS, et, à partir de 1999, président de la Fédération de Russie à sa suite.

Dans un passé plus lointain, au début de sa carrière, Poutine a noué des relations de franche camaraderie avec le renseignement militaire de l'APL. En effet, alors qu'il était responsable en second du KGB à Potsdam (en RDA), il a sympathisé avec un attaché militaire adjoint appelé à une carrière prestigieuse : le futur général Xiong Guangkai, chef du 2e département de l'APL pendant l'implosion de l'URSS (1991-1992), plus tard coordinateur du renseignement en tant que chef d'état-major adjoint de l'APL. Or Vladimir Poutine n'a jamais perdu de vue cette relation importante, entretenant grâce à elle une liaison continue entre le *Qingbaobu* chinois et les divers services russes.

Une pérennité assurée quand ledit Xiong est devenu président de l'Institut international d'études stratégiques (IISS), puis professeur à l'université Qinghua, formant des générations de jeunes officiers tout en promouvant les bonnes relations entre Pékin et Moscou, mais aussi à l'époque avec Washington[52]...

---

52. Voir Xiong Guangkai, "A Relationship Poised for a New Start", *Russia in Global Affairs*, 23 juin 2012.

Enfin, au moment où Vladimir Poutine confortait son pouvoir, au cours de la seconde guerre de Tchétchénie, des épisodes subséquents en Ossétie et des « révolutions de couleur » (en Géorgie, Ukraine, etc.) inquiétaient autant les Russes que les Chinois, qui ont bâti en commun en 1996 le Groupe de Shanghai. Élargi en 2001 en tant qu'Organisation de coopération de Shanghai (OCS), il a regroupé les anciennes républiques musulmanes d'URSS, plus tard le Pakistan et l'Inde (puis l'Afghanistan, l'Iran et la Turquie comme partenaires). Cette OCS constitue à la fois un regroupement économique et un espace de protection mutuelle dans lequel les services de sécurité collaborent étroitement, notamment dans le domaine antiterroriste. Comme le signalait à juste titre Valérie Niquet, coauteure de ce livre, la création du Groupe de Shanghai, future OCS, « était aussi motivée par la volonté de répondre aux ouvertures de l'OTAN vers le Kazakhstan[53] ».

Xi Jinping réorganise les services

En accédant à la tête du parti communiste et de l'État chinois en 2012, le président Xi Jinping a reçu cet héritage contradictoire du monde secret et a cherché à parachever ce qu'ont voulu réaliser ses prédécesseurs : former un conglomérat du renseignement dynamique au-delà des frontières chinoises ou de son immédiate périphérie. Et surtout, transformer un ensemble de services secrets, à vocation

53. Valérie Niquet, « La Chine aime la Russie, mais une Russie affaiblie et en position de demandeur », *Le Monde*, 28 février 2022.

essentiellement interne ou régionale, en une galaxie du renseignement active à l'échelle mondiale pour faire face aux nouveaux affrontements qui accompagnent son rayonnement économique. Cela au prix d'immenses mutations, de grandes réformes de structures, mais aussi d'une purge impitoyable au sein des administrations civiles et de l'armée.

En effet, en 2012, Xi Jinping et son équipe organisent un « contre-coup d'État » face à de puissants rivaux qu'ils estiment menaçants : Bo Xilai, le maire de Chongqing, et Zhou Yongkang, le numéro 3 du Parti et coordinateur de la sphère politico-légale qui chapeaute les services de sécurité et l'administration de la justice.

Toutes proportions gardées, Zhou Yongkang était le Kang Sheng des années 2000! À la suite de sa chute, des services ont été saignés à blanc, et ils ont parfois perdu une partie de leur efficacité. Ces dernières années, le *Guoanbu* a vu plusieurs de ses responsables démis de leurs fonctions – officiellement pour corruption – et divers scandales ont affecté son déploiement dans le monde. À commencer par la « chasse aux taupes de la CIA » et par la bataille de succession dans les services civils et militaires. Pris dans la tourmente, les services secrets chinois ont vu Xi Jinping s'appuyer sur le bras séculier qu'est la Commission centrale pour l'inspection disciplinaire (CCDI) du PCC, longtemps dirigée par un de ses proches qu'il avait choisi comme vice-président : Wang Qishan. Non seulement la CCDI a agencé les purges parmi les cadres, mais encore a-t-elle imposé l'un des siens, Chen Wenqing, à la tête du *Guoanbu*, la Sécurité d'État, aujourd'hui forte de 60 000 fonctionnaires intra-muros et de 40 000 agents secrets à l'étranger[54].

De surcroît, à partir de 2020, avec le développement de la pandémie de Covid-19, la légitimité de Xi Jinping a commencé à être remise en cause au sein même de la direction du Parti. Et si les organes de renseignement ont été habilement restructurés dans la période précédente, il est manifeste que leurs services ont subi plusieurs revers, comme nous le confirme un vétéran de la DGSE, naguère opérant dans l'empire du Milieu : « À cause de la crise pandémique, il y a eu des pertes de cadres et d'agents frappés par le virus ; des difficultés d'opérer à l'étranger à cause des divers confinements à répétition ; de la fermeture d'établissements publics, des universités, des hôtels, des bars et restaurants ; blocage des mouvements d'agents opérationnels dû à l'immobilisation des aéroports et des vols longs et moyens courriers, des contraintes sanitaires aux frontières. Il n'y a rien de pire que des successions de rendez-vous ratés entre un officier traitant et son agent… »

Cette situation a cependant encouragé le « télétravail de renseignement », et plusieurs affaires récentes montrent que le *Guoanbu* en a profité pour démultiplier les opérations de cyberespionnage, y compris en effectuant des intrusions

54. Par comparaison, 2 millions d'agents travaillent pour la Sécurité publique (*Gonganbu*), au sein de laquelle le *Guobao*, ou Bureau de protection de la sécurité intérieure [*Guonai anquan baoweiju*, 国内安全保卫局], rivalise pour les opérations extérieures avec le *Guoanbu*.

dans le système informatique des multinationales pharmaceutiques fabriquant des vaccins anti-Covid[55]…

Les services spéciaux chinois auraient eu tort de désespérer : selon plusieurs services occidentaux, la crise ukrainienne aurait rebattu les cartes et donné un nouvel emploi et un nouvel envol aux services agissant à l'étranger.

La communauté du renseignement et de sécurité

Ainsi, ces services spéciaux chinois seraient devenus, en ce XXIe siècle, les plus importants au monde. Au moins par le nombre de leurs fonctionnaires, de leurs officiers traitants – chargés de recruter et de manipuler des agents – et de leurs agents, atteignant le niveau technologique des Américains ou des Russes, notamment dans le domaine des interceptions de communications, de la cyberguerre et de l'usage de leurs satellites espions. Les nombreuses cyberattaques imputées aux unités spécialisées de l'Armée populaire de libération le démontrent, même si elles sont loin d'en avoir le monopole.

Le renseignement militaire et technologique a pris un ascendant considérable, alors que les Chinois développent leur armement et leurs moyens sur terre, sur mer et sous les mers, dans le ciel et dans un espace encore plus lointain, en direction de planètes à conquérir, comme Mars. Leur intervention stratégique dans la recherche des potentiels énergétiques les amène à intervenir sur des continents d'où

55. Je renvoie pour toutes ces opérations au chapitre sur le Covid de mon livre mis à jour : *Les Services secrets chinois. De Mao au Covid-19*, éd. Nouveau Monde, 2022.

ils étaient jusque-là excentrés, avec le gigantesque projet « la Ceinture et la Route » (*One Belt, One Road*) de Xi Jinping.

Pour accompagner cette vaste entreprise, j'ai comptabilisé pas moins de 90 agences et services de taille inégale à vocation de renseignement, comptant parfois des centaines, parfois des milliers de fonctionnaires, d'analystes ou d'opérationnels. Des agences hypertrophiées ou de petites cellules de cueillette et d'analyse de renseignements portant sur toutes les facettes de l'activité humaine, publique et privée : le renseignement pharmaceutique ou vétérinaire, l'espionnage sportif, la bande dessinée ou la mode… À titre d'exemple, cela explique que la DGSI surveille l'un des plus célèbres écrivains français qu'elle estime, par sa naïveté confondante, victime d'un agent d'influence chinois de son entourage.

Tous ces secteurs convergent vers un même but – une suprématie chinoise –, en fonction d'une doctrine de la sécurité définie deux ans après l'accession au pouvoir de la nouvelle équipe de Xi Jinping.

« Sécurité nationale totale » et nouveau renseignement de l'APL

Le 15 avril 2014, au cours d'une réunion du Comité central, Xi Jinping a défini sa nouvelle idéologie : « Nous devons adhérer au concept de Sécurité nationale totale [*Zongti Guojiaanquan*, 总体国家安全]. Envisager la sécurité du peuple, tel est notre but ; une sécurité politique comme principe fondamental ; une sécurité économique comme fondement ; des sécurités militaires, culturelles, sociétales comme garants ;

avec la promotion de la sécurité internationale comme source de soutien, nous forgerons la sécurité nationale à la chinoise. »

Ainsi, aucun domaine n'est oublié. Xi détaille ce concept de Sécurité nationale totale qui s'appuie sur « cinq éléments » [*wuda yaosu*, 五大要素] et « cinq relations » [*wudui guanxi*, 五对关系]. Quels sont ces cinq éléments ? Le but de la sécurité nationale : la sécurité du peuple. Le principe fondamental : la sécurité politique. Le fondement : la sécurité économique. Les garanties : la sécurité militaire, culturelle et sociétale. Et le soutien : la sécurité internationale. Quant aux cinq relations, elles associent sécurité intérieure et extérieure ; sécurité nationale et sécurité des citoyens chinois ; sécurité traditionnelle et non traditionnelle ; les questions de développement avec les problèmes de sécurité, et la sécurité personnelle avec la sécurité collective[56].

C'est en s'appuyant sur cinq piliers sécuritaires préexistants que le système doit fonctionner : la Sécurité publique (*Gonganbu*), le pôle de sûreté nationale et de contre-espionnage (*Guoanbu*), l'Armée populaire de libération, les polices armées populaires et le système politico-légal. Au cours des deux ans qui ont suivi cette réunion du Comité central s'est engagée une importante restructuration au sein de l'armée, pilotée par des cadres dirigeants de la génération de Xi Jinping, et en particulier par sa garde rapprochée.

---

56. Certains concepts sont flous : on suppose, à titre d'exemple, que la « sécurité alimentaire » en fait partie et vise à échapper à des drames, tel le scandale du lait frelaté en 2008.

Au lendemain d'une vaste série de purges au sein de l'APL, liées aux multiples affaires de corruption et à la tentative de coup d'État en 2012 imputée à Bo Xilai et Zhou Yongkang, Xi Jinping a finalisé au sein de la Commission militaire centrale (CMC ou *Junwei zhengzhi gongzuo bu*), qu'il préside, l'ordre de bataille de la nouvelle armée. La Commission militaire centrale est elle-même restructurée avec quinze organisations fonctionnelles subordonnées que dirige un Bureau général (*Junwei bangong ting*) dont le directeur est le général Zhong Shaojun, l'habituel aide de camp de Xi Jinping, déjà du temps où il opérait à Shanghai.

En décembre 2015, l'APL est réorganisée de fond en comble. Pour résumer, le leadership est constitué d'un commandement interarmes (*Junwei lianhe canmo bu*) qui dirige désormais des « zones de combat », au nombre de cinq (orientale, méridionale, occidentale, septentrionale et centrale), qui remplacent les sept régions militaires d'antan. On notera au passage un paradoxe : dans cette réforme, les Chinois se sont inspirés de l'organisation militaire russe. Ce qui accroîtra la perplexité de l'état-major chinois pendant les premières semaines des opérations russes en Ukraine, jugées par leurs analystes comme inspirées d'une tactique de type soviétique (avec l'emploi de matériel désuet, tels les chars) qu'on croyait depuis longtemps abandonnée.

Se constitue une Force de soutien stratégique (FSS) qui nous concerne principalement puisqu'elle intègre la plupart des composantes du monde du renseignement militaire et des départements de la guerre de l'information. Selon son chef, le général Gao Jin, la FSS constitue un « parapluie informationnel » (*xinxisan*), autrement dit un assemblage de moyens regroupant une armée de l'espace (Bureau de reconnaissance aérospatiale ou *tianjun bu*), une armée « cyber » (*wangjun*) et des troupes de la guerre électronique (*dianzizhan budui*). En conséquence, la FSS contrôle aussi bien les satellites de communication Beidou (en partie copiés du système européen Galileo) que les ruches de hackers de l'ex-3e département (APL3), c'est-à-dire la reconnaissance aérienne, l'imagerie satellitaire et surtout une armée de drones (UAV) de toutes tailles, comme on en voit désormais accompagner les navires étrangers dans la zone internationale de la mer de Chine et dont les analystes de l'APL étudient l'usage intensif lors des conflits récents en Syrie ou en Ukraine.

En même temps, la FSS, regroupant le nouveau service de la guerre de l'information chinoise, possède son propre centre de renseignement [*Qingbao Zhongxin*, 情报中心] avec quatre départements essentiels : un département de collecte du renseignement, un département d'analyse, un département de gestion de la diffusion et un département de soutien technique.

À partir de 2017, le général Chen Guangjun, spécialiste des missiles et proche de Xi Jinping, a pris la tête de ce service polyvalent désormais appelé « Bureau de renseignement conjoint » [*liancan qingbaoju*, 联参情报局].

Ce *Qingbaoju* double le *Guoanbu* et le Bureau numéro 1 de la Sécurité publique (*Guobao*) à l'échelon du renseignement stratégique à l'étranger (y compris avec des officiers traitants « civils »). Outre les fonctionnaires du traditionnel Département des liaisons internationales et de celui du Travail de front uni, tous deux dépendant du Comité central du PCC – ainsi qu'une autre structure militaire qui n'a pas disparu, contrairement aux rumeurs –, le Bureau des liaisons (*Lianluoju*), dépendant d'un nouveau Département de travail politique de la CMC, sera également créé. Ce service d'espionnage militaire continuera à dépêcher des « poissons des profondeurs » aux quatre coins du monde afin de propager à leur façon le « rêve chinois » et d'aider à sécuriser les routes de la Soie.

Il ne s'agit pas d'une simple réforme cosmétique, mais bien d'une intégration des moyens offensifs de la Chine à une très grande échelle de l'État. Soulignons combien on apprécie ces changements à Moscou, compte tenu des relations déjà évoquées entre services russes et chinois.

Ainsi, un article de l'agence Sputnik le précise et laisse entendre que l'élève a dépassé le maître : « La Chine a établi une nouvelle force de combat pour sa sécurité nationale : la Force de soutien stratégique (FSS). Cette structure unique va rassembler tout l'éventail des possibilités de l'APL pour mener des opérations spéciales et la guerre de l'information. (...) À part les attributions des anciens départements du quartier général de l'APL qui étaient responsables pour la reconnaissance technique, le cyberrenseignement, la guerre électronique et les cyberopérations offensives, les nouvelles forces seront responsables du renseignement militaire au sens large et des opérations psychologiques en particulier. De plus, les forces nouvellement formées incluront les unités d'opérations spéciales. (...) De ce fait la Force de soutien stratégique est une structure sans pareil dans le monde[57]. »

57. Sputnik, 19 janvier 2016.

La réaction des états-majors russes a pu laisser penser qu'ils envisageaient à leur tour de s'inspirer de la restructuration chinoise. Cela a été dit ces derniers temps, mais rien, dans le conflit russo-ukrainien, ne permet de penser que Vladimir Poutine a suivi le même chemin que son allié Xi Jinping.

Voyons, sur deux théâtres d'opérations extérieures, en Afghanistan et en Ukraine, en 2021 et 2022, comment opèrent les services chinois.

L'Afghanistan : quarante ans de guerre secrète

L'implication du monde du renseignement chinois dans la guerre d'Afghanistan indique combien la stratégie chinoise s'est inscrite sur le temps long indépendamment de la direction politique en poste à Pékin.

La première séquence s'est déroulée de 1980 à 1992, au cours de laquelle la communauté du renseignement déjà rénovée par Deng Xiaoping s'est implantée sur la scène afghane. À partir du moment où l'URSS envahit l'Afghanistan, fin 1979, les Chinois font cause commune avec les Occidentaux, les Saoudiens et les Pakistanais pour combattre l'occupation soviétique. Américains et Chinois ont même conçu un programme conjoint d'interceptions d'écoutes, Deng Xiaoping autorisant la CIA à déployer ses « grandes oreilles » aux confins du Xinjiang. Les Américains ont soutenu des moudjahidines, dont Oussama Ben Laden ; les Français, Massoud et Wardak, jugés plus « démocrates », et les Chinois, principalement l'Hezb-i-Islami Afghanistan

(HIA), dirigé par le très fondamentaliste Goulbouddine Hekmatyar, dont l'organisation se retrouvera en 2021 aux côtés des talibans lors de leur reconquête de l'Afghanistan facilitée par le retrait américain. L'importance du choix de Pékin s'illustre avec la désignation du propre petit-fils de Mao Zedong, le colonel Kong Jining, comme attaché militaire adjoint à Islamabad, pour coordonner les activités des services chinois en matière de logistique[58].

Créés à Kandahar en 1994, avec l'aide de l'ISI pakistanaise (et du MI6 britannique !), les talibans ont toujours été en bons termes avec les Chinois. Pour ne donner qu'un exemple révélé par la défunte *Far Eastern Economic Review* : l'équipementier chinois Huawei organise l'infrastructure de communication des talibans à Kaboul et Kandahar en 2000. Des preuves incontestables de leur soutien ont été mises au jour après 2003, lorsque les Américains ont chassé les talibans du pouvoir et démantelé les bases d'Al-Qaïda, positionnées en Afghanistan alors que, deux ans plus tôt, Ben Laden y avait planifié les attentats du 11 septembre contre l'Amérique.

Par la suite, la présence de services spéciaux chinois avait été aussi intense, et le double jeu de Pékin, perpétré par leur entremise, remarquable. À savoir : d'une part une alliance avec les groupes rebelles – toujours la faction Hekmatyar –, la direction militaire des talibans, et même une fréquentation des résidus d'Al-Qaïda, des embryons de Daech (ennemis

58. Roger Faligot, « Kong Jining, l'histoire secrète du petit-fils de Mao », *Le Point*, 30 avril 2009.

jurés des premiers), et enfin une pseudo-coopération avec les autorités de Kaboul (sous tutelle des Américains). C'est ainsi qu'on a vu en décembre 2019 Chen Wenqing, le patron du *Guoanbu*, rencontrer Hamdullah Mohib, conseiller à la sécurité nationale de la République islamique d'Afghanistan, pour évoquer l'évolution chaotique de la situation.

Cependant, six mois avant la reprise en main du pays par les talibans, survient un incident qui illustre le double jeu chinois : en décembre 2020, le Directoire national de la sécurité afghane (NDS) arrête à Kaboul dix agents secrets chinois, dirigés par les nommés Li Yangyang et Sha Hung, qui appartiennent au département du *Guoanbu* du Xinjiang.

Ils sont accusés d'avoir constitué un réseau d'espionnage et de collaboration avec les talibans et le « réseau Haqqani », autre groupe important de guérilla, depuis longtemps allié aux talibans et à feu le mollah Omar, et manipulé par l'ISI, le service de renseignement pakistanais, avec lequel les Chinois sont toujours en excellents termes. Au cours de leurs interrogatoires, ces agents secrets expliquent qu'ils espionnaient les talibans et Al-Qaïda et que, s'ils étaient en contact avec le réseau Haqqani, c'était pour obtenir des informations sur des Ouïghours du Parti islamique du Turkestan oriental.

Après l'envoi d'un émissaire spécial de Pékin, et d'âpres négociations, les espions du *Guoanbu* sont rapatriés par un avion gouvernemental chinois en février 2021. Il ne reste plus que quelques mois avant que les talibans ne reviennent au pouvoir, de concert avec la faction Haqqani. Et les Chinois d'intensifier leurs rapports avec le nouveau régime : ainsi, à plusieurs reprises, dès l'automne 2021, Chen

Wenqing, le chef du *Guoanbu*, s'est rendu en Afghanistan pour parlementer avec le ministre de l'Intérieur et chef des services de sécurité interne, Sirajuddin Haqqani. Objet de leurs palabres ? La traque aux irrédentistes ouïghours réfugiés dans son pays[59].

Six mois plus tard, du 20 au 23 mars 2022, Abdul Haqq Wathiq, chef du renseignement taliban, Mohammad Yaqoub, le fils de feu le mollah Omar, fondateur du mouvement, et à nouveau Sirajuddin Haqqani reçoivent à Kaboul une délégation du *Guoanbu*, pour resserrer les liens entre services spéciaux, intensifier notamment la traque de Daech et de ses éventuels éléments ouïghours. Selon Li Wei, responsable de la lutte antiterroriste au *Guoanbu* et expert de l'Institut chinois des relations internationales contemporaines (CICIR), près de 500 partisans ouïghours du Parti islamique du Turkestan oriental seraient positionnés dans le nord et le nord-est de l'Afghanistan, principalement dans la province du Badakhchan, surtout peuplée de Tadjiks[60].

Alors que l'opinion publique va devoir détourner son attention de la situation afghane, ce qui n'est pas pour déplaire à l'administration Biden, la Russie a lancé son offensive sur l'Ukraine tout juste après la fin des jeux Olympiques d'hiver à Pékin, en février 2022.

---

59. Mrityunjoy Kumar Jha, “China's Intelligence Chief Mounts Pressure on Sirajuddin Haqqani to Extradite Uyghur Militants from Afghanistan”, India Narrative, 8 octobre 2021.

60. *Global Times*, 16 septembre 2021.

Comment les services informent Xi Jinping sur la guerre en Ukraine

Est arrivé à Xi ce qui est arrivé à Staline au printemps 1941 : pour ce dernier, ses services de renseignement, civils comme militaires, avaient envoyé des signaux contradictoires, des informations disparates et non concordantes concernant l'éventuelle offensive de Hitler contre l'URSS. Les services secrets du Parti communiste chinois avaient même participé à cette mise en garde adressée par le GRU soviétique (surtout de ses postes clandestins en Suisse, au Japon, en Allemagne). Aujourd'hui encensé en Chine pour son rôle phare, Yan Baohang, communiste infiltré au sein du Guomindang, avait obtenu en mai 1941 des informations précieuses qui permirent d'avertir le Kremlin de l'attaque imminente de Hitler contre l'URSS.

Grâce aux archives soviétiques, nous savons aujourd'hui que Staline a alors refusé ce que j'appellerai la « doctrine Joukov », c'est-à-dire la proposition faite dès avril par le futur maréchal Joukov d'anticiper, en organisant une offensive préventive contre l'Allemagne, avec laquelle l'URSS s'était associée au cours du pacte germano-soviétique de 1939[61].

Je mentionne cette situation parce qu'elle explique en partie pourquoi Vladimir Poutine, qui a toujours été marqué par la « Grande Guerre patriotique » (1941-1945) a pu vouloir éviter, selon ses dires, un piège comparable à celui dans lequel était tombé Staline.

---

61. Voir Jean Lopez et Lasha Otkhmezuri, *Joukov, l'homme qui a vaincu Hitler*, Perrin, 2013.

C'est du moins ce qu'a pu penser Xi Jinping concernant la situation actuelle en Ukraine, si j'en crois plusieurs sources concordantes du monde du renseignement européen et russe auxquelles je me suis adressé pour préparer le texte qu'on est en train de lire.

De quels moyens l'équipe dirigeante chinoise a-t-elle disposé pour obtenir une analyse fine des forces en présence et de l'évolution du conflit, tant sur les zones de combat que dans les coulisses de la diplomatie secrète ?

Certes, les Chinois ne sont pas les belligérants dans le nouveau conflit russo-ukrainien, mais la direction de Pékin semble avoir été ballottée par les vents contraires dans leur appréciation au cours des premières semaines.

Comment ont-ils procédé ?

C'est traditionnel : pour un sujet particulier concernant la sécurité nationale, la direction centrale met en place un « petit groupe de travail » *ad hoc* – un *gongzuo lingdao xiaozu* – qui fédère des spécialistes du sujet abordé. L'exemple le plus notoire est celui qui concerne Taïwan.

En général, il est présidé nominalement par le président Xi, même s'il est représenté pour toutes les réunions par des adjoints du pôle sécuritaire ou stratégique, tels Ding Xuexiang, le très puissant secrétaire du Bureau des affaires générales du Comité central, personnage clé dans la gestion des organes de sécurité au quotidien ; ou encore Guo Shengkun, ex-ministre de la Sécurité publique, depuis 2017 secrétaire de la Commission politico-légale ; et Wang Xiaohong, étoile montante du régime, en tant que commissaire politique du *Gonganbu*. Une montée en puissance survenue en même temps que le limogeage du vice-ministre Sun Lijun au printemps 2020. Ce dernier, responsable du *Guobao*, le département numéro 1, chargé des opérations étrangères de la Sécurité publique, a été arrêté et incarcéré pour corruption, alors qu'il était de retour d'une visite à Wuhan, en mission spéciale pour s'assurer que le contrôle policier était bien orchestré afin de juguler le Covid-19.

Concernant le dossier ukrainien, il peut sembler étonnant que la Sécurité publique, à vocation plutôt interne, participe aussi à un groupe de travail sur l'étranger. Toutefois, ce fut déjà le cas fin 2005, lorsqu'un responsable du *Gonganbu*, Liu Jing, a été dépêché en Ukraine à la suite de la « Révolution orange » (2004) et en Géorgie, où, en 2003, avait éclaté ce qui fut appelé la « Révolution rose », pour enquêter de concert avec les analystes du *Guoanbu* sur le terrain. Ensemble, ils ont établi un dossier indiquant que des ONG américaines, également présentes derrière les mouvements pro-démocratie en Chine, finançaient et animaient divers secteurs de la contestation contre les pouvoirs établis. Parmi elles, la Freedom House, alors présidée par l'ancien directeur de la CIA, James Woolsey.

De fait, le contre-espionnage chinois a étudié depuis longtemps les relations entre la CIA et certains milieux politiques ukrainiens pour une raison qui peut surprendre : dès les années 1950, la centrale américaine avait financé la Ligue anticommuniste des peuples d'Asie, basée à Taïwan. La reconversion de celle-ci en Ligue mondiale anticommuniste (WACL), en 1967, avait été réalisée avec l'aide de l'ABN (Bloc antibolchevique des nations), présidée par le nationaliste ukrainien Yaroslav Stetzko, successeur de Stepan Bandera, chef de la légion ukrainienne sous commandement de la Wehrmacht pendant la Seconde Guerre mondiale, assassiné à Munich par le KGB en 1959, et considéré aujourd'hui comme héros de l'indépendance nationale dans son pays[62]. Pour les services chinois, comme pour leurs collègues russes, il faut toujours envisager les choses sur le long terme historique.

Dans ce dossier ukrainien, outre la Sécurité publique, ce sont avant tout les administrations chargées des affaires étrangères, services spéciaux civils et militaires, qui collectent les données et alimentent un centre d'analyse en temps réel pour informer les décideurs politiques, à commencer par les plus importants, ceux qui constituent la demi-douzaine de dirigeants du Comité permanent du Bureau politique du PCC.

Ainsi, un « Petit groupe dirigeant central de travail sur l'Ukraine » [*Zhongyang dui Wukelan gongzuo lingdao xiaozu*, 中央对乌克兰工作领导小组] a vu le jour, sous l'égide du Comité exécutif du Bureau politique du PCC et de la Commission militaire centrale, tous deux présidés par Xi Jinping.

On a vu qu'il est animé par des responsables de coordination du renseignement, tels Guo Shengkun ou Wang Xiaohong (plusieurs fois présenté comme postulant à la tête du *Guoanbu*), mais aussi par des diplomates de haut rang, tel l'incontournable Yang Jiechi, ancien ambassadeur aux États-Unis, fréquemment appelé à « échanger » sur la question

62. Interview à Taipei avec Ku Cheng-kang, président de la WACL, août 1986.

ukrainienne avec Jake Sullivan, le conseiller national à la sécurité de l'administration Biden.

Vers ce cénacle convergent les rapports et analyses sur le théâtre ukrainien, mais aussi sur l'environnement proche et plus lointain. Ce groupe produit un rapport de situation ou document d'enquête (*Diaocha ziliao*) à la fréquence d'autant plus rapprochée que le dossier est important. En l'occurrence, il est produit d'heure en heure.

Satellites, hackers et Confucius

Quelles sont ces sources qui convergent pour dresser un tableau exhaustif de la situation en évolution sur le théâtre russo-ukrainien ?

Celles d'une multitude d'organismes, dont on va se contenter de citer les plus importants.

Tout d'abord, les représentations des services russes à Pékin. Elles ont un rôle de liaison, dans la capitale chinoise et au sein de la structure multilatérale de l'Organisation de coopération de Shanghai, dont le secrétaire général adjoint, côté chinois, a été, avant sa retraite, Gao Yusheng, précédemment diplomate à Moscou et ambassadeur en Ukraine qui s'est singularisé en prédisant la défaite de l'armée russe.

Le principal chef de poste du FSB russe à Pékin aura été le général-major Rinat Massalimov, spécialiste de la poésie Tang du XVIIIe siècle, qui assure les liens avec les services chinois. Or le FSB, malgré certains déboires, est considéré comme le principal service chargé des affaires ukrainiennes. De même, les Chinois entretiennent des liens avec les représentants des services civils et militaires au sein de l'ambassade ukrainienne.

Chacune des parties fait aussi appel à des services étrangers « neutralistes ». Le non-alignement traditionnel des Indiens a souvent eu pour résultante que le représentant de la RAW (Research & Analysis Wing) à Pékin sert d'interface entre les services rivaux et parfois ennemis de l'Est et de l'Ouest. Les informations croisées échangées dans les deux sens facilitent, espèrent les décideurs indiens, d'éventuelles négociations pour mettre fin à un conflit. Une attitude qui peut générer des incompréhensions, comme on l'a constaté en 2012 lorsque Amreet Ahluwalia, chef de station de la RAW en Chine, a été démis de ses fonctions par New Delhi à la suite de ce jeu de billard à trois bandes.

Autre source déterminante : le renseignement militaire (*Qingbaoju*) réorganisé et dont l'un des représentants au sein du groupe de travail est un ancien attaché de défense à Kiev devenu chef de secteur du service à l'échelon état-major interarmes à Pékin.

Il centralise aussi bien l'information opérationnelle sur le terrain que les indications obtenues, avec leur consentement ou à leur insu, d'autres attachés militaires étrangers en poste en Chine.

Depuis la guerre des Malouines, qui opposait en 1982 Britanniques et Argentins, le renseignement militaire chinois a pris l'habitude d'établir des synthèses étayées sur les forces en présence d'un conflit, leur ordre de bataille, leur armement, leur tactique, etc. Puis lors de la campagne américaine contre l'Irak (l'opération « Desert Storm »), les états-majors de l'APL ont ainsi décidé d'envisager des structures militaires plus intégrées grâce à ces analyses.

Aujourd'hui, on comprend que Pékin utilise la formule russe d'« opération militaire spéciale » en Ukraine, car les analyses comparées ont pour objectif de permettre des simulations (notamment sur les réactions internationales) en cas de tentative de la « reconquête territoriale » que serait l'annexion de Taïwan par Pékin comparée à celle du Donbass par Moscou.

Rappelons qu'en 2014, au moment de l'affaire de la Crimée, un responsable de l'APL avait tiré les « trois leçons de la guerre de l'opinion russe en Ukraine » : « Prenez l'offensive en poussant votre récit en premier, présentez vos arguments juridiques et soutenez le tout avec du *hard power*[63]. »

L'ex-3e département de l'APL tient aussi un rôle important, sous tutelle de la Force spéciale stratégique (FSS), dont le 2e bureau (Unité 61398), basé à Shanghai, est chargé de suivre les communications américaines et le 5e bureau (Unité 61565, dans le district de Daxing, à Pékin) suit celles de la Russie et des anciennes républiques soviétiques telle l'Ukraine, avec des bases dans le Heilongjiang

63. 朱宁宁 (Zhu Ningning), « 乌 克兰政局动荡中俄对乌舆论战谋略运用探析 » ("An analysis of Russia's unfolding of media warfare tactics amid the turbulent political situation in Ukraine"), 军事记者 (Military Correspondent), cité in P. Charon et J.-B. Jeangène Vilmer, *Les Opérations d'influence chinoises. Un moment machiavélien*, rapport de l'Institut de recherche stratégique de l'École militaire (IRSEM), Paris, ministère des Armées, septembre 2021.

(Mandchourie), le Gansu et le Xinjiang. C'est également cet ex-3e département qui mène les opérations de cyber-reconnaissance pour l'APL en direction de ces pays[64].

Le ministère de la Défense ukrainienne l'a assuré : quelques jours avant l'offensive russe, les Chinois auraient lancé une cyberattaque contre ses installations. Ce qui tendait à indiquer, aux dires des autorités de Kiev, que ceux-ci étaient au courant de l'engagement russe et auraient voulu les aider en affaiblissant la défense ukrainienne.

Mettant de côté la « désinformation » ukrainienne, tout aussi intense que celle de Moscou, cette opération chinoise est possible mais ne prouve pas forcément une pré-connaissance de la stratégie engagée par Vladimir Poutine. Pour une raison simple : l'appareil de cyber-reconnaissance chinoise a constamment tenté de pénétrer et de « hacker » aussi bien les administrations et entreprises russes qu'ukrainiennes. Et pas nécessairement de manière hostile (avec par exemple à la clé un « déni de service »), mais afin d'étudier leur dispositif militaire, la réalité du théâtre d'opérations, les succès et échecs, le moral des troupes, etc.

Plusieurs spécialistes de la cyberguerre ont décrit ces phénomènes. Ainsi, en mai 2022, deux instituts de recherche de défense russes liés au conglomérat Rostec (et un biélorusse à Minsk) auraient été victimes de cyberattaques chinoises, au cours d'opérations décrites sous les noms de

64. On trouvera une description de l'ex-3e département de l'APL dans Mark Stokes, Jenny Lin et Russell Hsiao, "The Chinese People's Liberation Army Signals Intelligence and Cyber Reconnaissance Infrastructure", Project 2049 Institute, novembre 2011.

code de « Twisted Panda » et « Mustang Panda », notamment avec un cheval de Troie nommé « PlugX ». Ce logiciel malveillant est utilisé par divers groupes de hackers chinois du nom de « Bronze President » et de « Red Delta », dont les autorités pékinoises affirment ne pas connaître l'identité mais qui sont en réalité des pavillons de complaisance du *Guoanbu* et de l'ex-3e département de l'APL[65].

Le siphonnage des données militaires grâce aux « opérations noires » sur le Web est complété par les interceptions de communications et de transmissions grâce à l'emploi des satellites.

Car, dans ce domaine, la Chine a aussi développé des moyens gigantesques.

Le 17 mars 2022, propulsé de la base Jiuquan du désert de Gobi, le satellite Yaogan 30-02 a rejoint dans l'espace la flotte d'une centaine de satellites auxquels vingt autres auront été ajoutés au cours de l'année 2022. La plupart sont officiellement placés sur orbite à des fins scientifiques, mais nombre de ces satellites de télédétection [*Yaogan Weixing*, 遥感卫星], qui évoluent en trinômes, sont à vocation militaire. Ce sont eux qui balayent le champ optique de la guerre d'Ukraine, tout autant qu'ils capturent des émissions électromagnétiques (SIGINT), dont les transmissions et les communications d'opérateurs de téléphonie mobile internationaux, y compris les russes. La question est évidemment de

65. Ravie Lakshmanan, "Chinese 'Twisted Panda' Hackers Caught Spying on Russian Defense Institutes", *The Hacker News*, 22 mai 2022; Prajeet Nair, "China Spies on Russians; Microsoft Details Ukraine Attacks", 28 avril 2022, http://www.bankinfosecurity.com.

savoir si, comme le font les Américains pour les Ukrainiens, les Chinois fournissent à leurs « amis » russes des données en temps réel sur l'ordre de bataille ukrainien. S'ils le font, disent les experts, c'est de façon parcimonieuse.

Autre source d'information, le dispositif diplomatique classique n'est pas en reste. L'ambassade de Chine de la rue Grouchevskovo, à Kiev, est restée en place plus longtemps que les autres, ne se déplaçant pas à Lviv dès le début l'offensive russe. L'ambassadeur Fan Xianrong avait réfuté dès les premiers jours de la guerre que son ambassade et le consulat d'Odessa (dirigé par Song Liqun) déménageraient. Fan a une expérience ancienne du monde russe, puisqu'il était consul général à Saint-Pétersbourg au début de ce siècle. Certains analystes en ont déduit que le *Guoanbu* avait été mal informé et croyait que Moscou n'allait pas engager ses troupes sur le sol ukrainien.

Dès les premiers jours du conflit, les diplomates de Chine ont laissé entendre qu'ils restaient à Kiev pour comptabiliser le nombre de leurs ressortissants en Ukraine, quitte à exfiltrer ceux qui le souhaitaient.

Avant l'invasion, on estimait que 6 000 à 8 000 Chinois vivaient en Ukraine, essentiellement à Kharkov, Kiev et Odessa, dont les tout premiers se sont installés pendant la Révolution culturelle chinoise. Ce qui n'est pas considérable mais suffisant pour puiser dans un vivier de correspondants occasionnels du *Guoanbu* ou pour constituer des couvertures pour les agissements d'officiers clandestins (ce qu'on appelle les « poissons des grands fonds » [*Chendi yü*, 沉底鱼]).

Parmi les résidents de la communauté chinoise se trouvent notamment des étudiants de l'université de Kharkov, laquelle possède la particularité d'abriter sur son campus un institut Confucius. Celui-ci a été mis en place en 2008 en liaison avec l'université de la province de l'Anhui (dans l'est de la Chine). La stratégie de séduction culturelle, aussi décrite sous l'appellation de *soft power* (« pouvoir attractif »), joue un rôle que l'on a pu constater à travers le monde : le maillage des instituts Confucius pour la promotion du mandarin et de la culture recouvre également, comme le confirment plusieurs services de renseignement occidentaux et asiatiques, des opérations d'espionnage. C'est ce qui fait dire par exemple aux services canadiens qu'avec Confucius le « *soft power* est au service du *spying power* », en précisant que nombre d'agents des services de sécurité chinois se nichent dans le dispositif de gestion des réseaux Confucius[66].

Dans ce cas-ci, le chef du *Guoanbu* pour la province de l'Anhui était chargé de superviser le réseau d'informateurs qui utilisent les onze écoles de langue chinoise établies dans le pays par l'institut Confucius, dont celle de Lougansk, dans le Donbass. En 2022, deux éléments du département éducation de l'ambassade, Liu Tai et Wang Dajun, officiers de liaison sous couverture diplomatique, sont chargés des liens avec ces instituts, également au titre du Département du travail de front uni du PCC, qui constitue l'un des multiples

66. Voir Fabrice de Pierrebourg et Michel Juneau-Katsuya, *Nest of Spies: the Startling Truth About Foreign Agents at Work Within Canada's Borders*, HarperCollins, 2009. Voir aussi P. Charon et J.-B. Jeangène Vilmer, *Les Opérations d'influence chinoises. Un moment machiavélien*, *op. cit.*

services de renseignement politique, principalement chargés de la manipulation de Chinois d'outre-mer.

Sont également actifs les reporters de l'agence Xinhua, statiques ou itinérants, qui transmettent en parallèle de leurs dépêches journalistiques un rapport d'affaires internationales (*Guoji Neican*) qui n'est pas publié mais uniquement diffusé au leadership politique. *Guangming Ribao* (*Clarté*), de Shanghai, est le journal qui constitue la couverture la plus constante d'officiers du *Guoanbu*, au milieu de journalistes tout à fait professionnels et parfois d'ailleurs contestataires vis-à-vis du régime. On se souviendra qu'en mai 1999 plusieurs d'entre eux avaient été tués dans leur ambassade à Belgrade, ciblée par l'aviation de l'OTAN, justement pour la raison qu'y était installé un important poste de renseignement[67]. Les correspondants autant que les pseudo-journalistes qui émargent à l'agence Xinhua ont d'autant plus d'accès aux sources ukrainiennes qu'en 2016 leur agence, ainsi que d'autres médias chinois, a signé un protocole d'échanges et de coopération avec l'agence nationale ukrainienne, Ukrinform.

Les officiers du *Guoanbu*, résidant dans les grandes villes, ont été épaulés par des analystes itinérants venus envisager quelles relations entretenir avec l'équipe de Zelensky et anticiper les phases suivantes de négociations dans lesquelles les Chinois joueraient un rôle important. Il s'agit donc

---

67. Pour le détail de la façon dont Shao Yunhuan, 48 ans, attaché à l'agence de presse Chine nouvelle (Xinhua), Xu Xinghu, 29 ans, et son épouse Zhu Ying, 27 ans, correspondants du quotidien *Clarté* (*Guangming Ribao*), ont été tués, voir notre livre *Les Services secrets chinois. De Mao au Covid-19*, *op. cit.*

essentiellement de renseignement politique. Ils ont analysé depuis toujours la situation en Ukraine, notamment en envoyant des émissaires de l'Institut chinois des relations internationales contemporaines (CICIR) qui, tout en jouant le rôle de *think tank*, est l'interface du 8e bureau du *Guoanbu*. Dès 1996, un chercheur nommé Zi Shufang a été chargé de la section Ukraine au CICIR.

C'est Li Dong, un important cadre du *Guoanbu*, officiellement directeur adjoint du CICIR, qui supervise en grande partie ces manœuvres. On a affaire à un spécialiste pointu qui au début des années 2000 était posté à Moscou, comme premier secrétaire et chef de poste de *Guoanbu* (qui, rappelons-le, est chargé de liaison avec le SVR, le FSB et le GRU, les trois services russes[68]). À l'automne 2007, il s'était rendu à Kiev avec Feng Yujun, le responsable de l'Institut des études russes au CICIR, avec pour mission d'étudier la situation politique et, tout comme les enquêteurs du *Gonganbu*, de cerner le rôle des agences américaines de renseignement dans la déstabilisation de l'Ukraine.

Or, dès le mois de mars 2022, plusieurs délégations du *Guoanbu* et du CICIR sont arrivées à Kiev afin d'amorcer des pourparlers avec les services, mais aussi avec les dirigeants politiques du pays agressé.

C'est ce que laissait entendre une spécialiste de l'Ukraine, adjointe de Li Dong, Mme Shang Yue, lors d'une « table ronde virtuelle » sous l'égide de l'Institute of Strategic Studies

68. Voir « Le *Guoanbu* en Géorgie et en Ukraine », *Intelligence Online*, 23 mars 2007.

Islamabad (ISSI) au début du mois suivant. Lors de la session pudiquement intitulée « Impacts globaux et régionaux de la crise d'Ukraine », elle nous a donné une idée du sentiment général alors partagé au sein du *Guoanbu*, indiquant que « cette crise marquait la fin de la quête de la Russie pour une place méritée en Europe et, dans un mouvement audacieux, comment Moscou a défié la suprématie des États-Unis[69] ».

Or, au cours d'une communication plus ancienne, deux ans plus tôt, Shang Yue avait trouvé une formule frappée au coin du bon sens pour décrire les relations sécuritaires entre Russie et Chine : « Vous protégez mes arrières, je protège les vôtres. » Mot à mot, *Bei kao bei* [背靠 背] signifiant « s'appuyer dos à dos »[70].

Le triangle des services : Russie, Chine, Ukraine

Par voie de conséquence, on se trouve face à une triangulation : les contacts entre les Chinois et les Russes d'une part, et d'autre part entre les Chinois du *Guoanbu* et les Ukrainiens du SBU (*Sloujba Bezpeky Ukraïni*), dirigé par Ivan Bakanov, et ceux du renseignement militaire GUR (*Golovne Upravlinnya Rozvidky*), du jeune général Kirilo Boudanov, lequel, au printemps, prédisait la défaite de l'armée russe en fin d'année 2022…

Dès le début du conflit, ce sont donc des émissaires du *Guoanbu*, et non des représentants du ministère des Affaires

69. Communiqué commun de l'ISSI-CICIR, 7 avril 2022.

70. Shang Yue, « Les nouvelles relations Chine-Russie et la grande diplomatie russe », *Xin shidai de zhong é guangxi yu eluosiya tai waijiao*, 新时代的中俄关系与俄罗斯亚太外交", *Shijie Zhishi* (CICIR), 11 décembre 2020.

étrangères, qui auront tenté d'amorcer des négociations parallèles pour déboucher sur la cessation du conflit. On estime généralement que l'emploi du *Guoanbu* à des fins de diplomatie parallèle présente des avantages : une plus grande souplesse pour les rencontres, et la possibilité de nier que celles-ci existent si nécessaire.

Les liens entre Chinois et Ukrainiens sont plus importants qu'il n'y paraît. Ainsi, en février 2017, le colonel supérieur Cao Xiaojian, l'attaché militaire chinois à Kiev, supervisait un accord de sécurité engageant une coopération entre les Chinois des polices armées populaires et les forces spéciales de la garde nationale ukrainienne, la même garde qui, cinq ans plus tard, encadre la résistance contre les troupes russes et aurait perdu environ 600 hommes durant les trois premiers mois du conflit.

De nos jours plus proches de la CIA et du MI6 britannique, les services de sécurité ukrainiens entretenaient des échanges avec les services de sécurité chinois, très présents dans les négociations sur la protection des réseaux de la route de la Soie.

Ce qui n'empêche pas le SBU d'avoir détecté des opérations d'espionnage chinoises sur son sol. C'est ainsi qu'en mars 2020 un ressortissant chinois, Shu Yuanjie, a été condamné à dix ans de prison pour espionnage. Le SBU reprochait à cet ingénieur de collecter des informations sous prétexte de coopération technico-scientifique entre la Chine et l'Ukraine, mais aussi d'avoir tenté de recruter des scientifiques ukrainiens lors de ses séjours en Ukraine. Quelques années plus tôt, le SBU avait arrêté des membres de la Représentation économique et commerciale de Corée du Nord à Kiev, dont on oublie souvent que ses agences de renseignement – tel le *Kukka Anjon Bowibu* (ministère de la Sécurité d'État), dans lequel l'actuel président Kim Jong-un a fait ses premières preuves – sont les plus proches des Chinois en matière d'échanges de bons services et d'informations.

Même propension à dénoncer un double jeu des Chinois : les autorités ukrainiennes ont affirmé dès la fin février que les Chinois s'étaient livrés à des cyberattaques contre des installations ukrainiennes avant même l'offensive russe, c'est-à-dire durant les jeux Olympiques. Ce que de nombreux experts considèrent comme une opération de guerre psychologique pour faire pression sur les autorités chinoises, critiquées pour ne pas s'être désolidarisées de l'offensive russe. Les flèches sont décochées en tous sens dans ce domaine. Et on a vu en contrepartie la télévision chinoise CGTN présenter un reportage assurant que des agents opérationnels du service Action de la DGSE avaient perdu la vie dans le crash d'un hélicoptère chargé d'exfiltrer des officiers du bataillon Azov retranchés à Marioupol[71]…

Pendant ce temps, sur l'axe sino-russe, à Moscou, le FSB a toujours entretenu des liens étroits avec le *Guoanbu*. Or, ce FSB est considéré comme le principal intervenant en Ukraine, ce pays étant décrit par le Kremlin comme « zone de voisinage proche ». Principalement chargé de ces

71. CGTN, 31 mars 2022, 3:46 pm. Retransmis notamment sur le fil Twitter du Russe Alexander Bunin puis sur diverses bases de rebond de la propagande russe sur les réseaux sociaux.

missions, son 5e service – dont le patron, Sergueï Besseda, aurait été relevé de ses fonctions peu après l'intervention en Ukraine[72] – reçoit le soutien sur place de la garde nationale russe (*Rosgvardia*) et du GRU, dont on avait vu le rôle central dans la récupération de la Crimée en 2014.

Les postes de renseignement chinois sous couverture diplomatique dans les pays avoisinants sont évidemment sur le qui-vive (Minsk, Budapest, Chisinau, Varsovie, Bucarest, Bratislava et Moscou). Un important poste polyvalent du *Guoanbu* couvre également les pays baltes, de concert avec le renseignement militaire représenté par le colonel Li Yusheng, attaché de défense à Tallinn.

L'ambassade chinoise de Moscou est la plus importante, tant sur le plan numérique que géostratégique. Le poste des attachés de défense y suit par le menu le déroulement des opérations, notamment grâce à leurs homologues à l'échelon de l'état-major russe qu'ils ont l'habitude de fréquenter, ne serait-ce que dans le cadre de manœuvres communes souvent orchestrées par l'Organisation de coopération de Shanghai.

C'est ainsi que, durant les semaines précédant l'invasion de l'Ukraine, le colonel Zhang Jiaping, numéro 2 du poste de renseignement militaire en tant qu'attaché militaire adjoint à l'ambassade de Moscou, était régulièrement briefé par le Comité de défense et de sécurité de la Fédération de Russie. Ce qui ne veut pas dire qu'il n'ait pas lui-même été faussement informé. Mais, à vrai dire, les Chinois ne pouvaient pas

---

72. Ironie de l'histoire : en 2010, Sergueï Besseda était chargé de la coopération interservices avec l'OTAN.

s'étonner de cette offensive. On avait vu, déjà en 2014, lors de la crise précédente menant au rattachement de la Crimée à la Russie, l'ex-attaché militaire chinois à Moscou, le major général Wang Haiyun, affirmer que la crise en Ukraine avait donné « dix ans de répit à la Chine dans sa confrontation globale avec les États-Unis[73] ».

Le *Guoanbu* présente un plan de paix à Zelensky

Le refus des Chinois de caractériser comme agression l'intervention des Russes en Ukraine ne désole pas autant les services de renseignement occidentaux que les hommes politiques, en particulier ceux de l'administration Biden ou de l'OTAN. Pourquoi ? Nombre de fonctionnaires du Service fédéral allemand de renseignement (BND) – dont le directeur, Bruno Kahl, a été exfiltré de Kiev *in extremis* par des commandos de la Bundeswehr alors que l'armée russe entrait en Ukraine –, ou encore de la DGSE, et même du MI6 – le plus hostile aux Russes – y ont vu une possibilité ultérieure pour Pékin de jouer un rôle d'intercesseur, voire de « faiseur de paix ». D'autant plus nécessaire que le conflit parasite leurs projets économiques et stratégiques. C'est ainsi que, fin mars, l'ancien patron de la DGSE, Bernard Bajolet, se faisait l'écho de cette vision des choses en estimant que « seule la Chine a les capacités de modérer Poutine[74] ».

73. Vasily Kashin, "Russia's Rapprochement with China Runs Deep", *Moscow Times*, 27 mai 2014.

74. Interview recueillie par Thomas Hoffnung, *La Croix*, 29 mars 2022.

Bien sûr, ce n'est pas ce qui s'est dit officiellement côté américain. C'est ainsi que William Burns, le directeur de la CIA, a pu affirmer début mai 2022 que le président Xi Jinping a été « désarçonné » par la guerre en Ukraine : « Cela nous frappe (...) que Xi Jinping ait été un peu désarçonné par les dommages que pourrait causer à l'image de la Chine le fait d'être associée à la brutalité de l'agression contre l'Ukraine, et désarçonné par l'incertitude économique qui a été produite par la guerre[75]. »

Côté chinois, on a sciemment laissé filtrer des points de vue contradictoires, mais utiles aux perspectives diplomatiques, même si on s'en dissocie officiellement. On l'a vu avec les analyses enthousiastes et pro-russes de Mme Shang Yue et de ses partenaires du CICIR/*Guoanbu*; mais aussi avec le pronostic sombre de l'ex-ambassadeur Gao Yusheng, qui prévoit la défaite de la Russie dans le conflit : « Les guerres modernes sont nécessairement des guerres hybrides, couvrant les domaines militaire, économique, politique, diplomatique, l'opinion publique, la propagande, le renseignement et l'information. Non seulement la Russie est en position passive sur le champ de bataille, mais elle a perdu dans d'autres domaines. Ce n'est plus qu'une question de temps avant qu'elle soit définitivement battue. »

L'analyse de l'ambassadeur Gao a été retirée du site du média chinois Phoenix News, mais il n'en reste pas moins qu'elle pouvait coïncider avec les éléments d'appréciation

75. "CIA Director Says China 'Unsettled' by Ukraine War", *Financial Times*, 7 mai 2022.

recueillis par les services spéciaux chinois amenant le président Xi et ses conseillers à des conclusions plus prudentes à l'égard de l'initiative russe.

Plus encore que dans le cas afghan, les Chinois ont eu tout intérêt à maintenir des contacts avec tous les belligérants. Ce qui permet d'obtenir une profusion de renseignements, mais aussi de jouer les intermédiaires diplomatiques si l'occasion s'en présente.

Le président ukrainien Volodymyr Zelensky en était bien conscient, lui qui s'était abstenu de critiquer les Chinois, tandis que son entourage proche a discrètement exhorté Pékin à jouer un rôle de « garant de la paix », ce dont la DGSE avait acquis la certitude en avril : Xi Jinping est intervenu pour dissuader Vladimir Poutine non seulement de faire usage de l'arme nucléaire, mais même d'agiter cette menace comme un épouvantail.

Dans les semaines qui ont suivi, les chancelleries, mais surtout la délégation spéciale du *Guoanbu* dépêchée à Kiev, ont tenté de faciliter des contacts directs entre les deux présidents, notamment sous forme d'un entretien téléphonique, longtemps repoussé par Xi Jinping en raison de la fâcheuse tendance de Zelensky à rendre publics ses échanges avec les dirigeants de ce monde et à distribuer les bons et les mauvais points.

Misant sur les relations spéciales entre Emmanuel Macron et Vladimir Poutine d'une part, et sur une éventuelle ligne directe Pékin-Kiev d'autre part, les hommes du *Guoanbu* ont commencé à dérouler le plan concocté à Pékin, aux nombreux aménagements possibles en cas de négociations.

Pour l'essentiel, les Chinois ont présenté un projet d'Organisation de coopération de Shanghai *bis*, dans laquelle la Russie ne serait pas prépondérante – et donc la Chine dominante –, mais dans laquelle l'Ukraine, partie prenante, serait autant protégée de la Russie que des États-Unis et de l'OTAN. En échange, dans ce que Pékin appelle toujours un dispositif « gagnant-gagnant », l'empire du Milieu jouerait un rôle central dans la reconstruction de l'Ukraine, conférant à ce pays une place importante dans son dispositif économique de la route de la Soie. On se pose déjà la question : à quand Odessa, port chinois ?

Mais les stratèges chinois n'envisagent pas la mise en place d'un tel plan, véritable fusée à plusieurs étages, sans des accords préalables dans des pourparlers, d'abord bipartites, puis autour d'une table ronde incluant l'Ukraine et la Russie, les États-Unis, la Grande-Bretagne et l'Union européenne[76].

Tout comme pour Emmanuel Macron (dont le rôle est très apprécié à Pékin), pour Xi Jinping la question de l'Ukraine aura été aussi une question de politique intérieure avant même le 20e Congrès du Parti communiste chinois.

Quelle que soit l'issue du conflit, on ne se trouve sans doute pas à la veille des Casques bleus chinois, dans le cadre des *peace keeping operations* de l'ONU, positionnés sur la frontière entre le Donbass et l'Ukraine partitionnée à la façon de l'Irlande. Un genre d'opérations, les PKO, auxquelles

---

76. À plusieurs variantes près, ce plan a été décrit dans un article du 18 avril 2022 d'*Intelligence Online* : « À Kiev, les hommes du *Guoanbu* portent la volonté de médiation de Pékin ».

ont participé depuis 1990 des milliers de soldats de l'APL – avec leurs *military observers* dépendant du renseignement militaire (*Qingbaoju*) – dans des missions de maintien de la paix au Liban, au Soudan, au Congo, en Éthiopie, au Sahara occidental et ailleurs. Autre facette méconnue du rôle diversifié du renseignement chinois au XXIe siècle sur la planète.

« AUJOURD'HUI ENCORE, LA CHINE EST LE PREMIER PRODUCTEUR DE CHARBON, ET CONSOMME PLUS DE LA MOITIÉ DU CHARBON PRODUIT DANS LE MONDE. EN DÉPIT DES EFFORTS DE DIVERSIFICATION, LE CHARBON REPRÉSENTE TOUJOURS PRÈS DE 70 % DU MIX ÉNERGÉTIQUE. »

CHAPITRE 4

La Chine, un prédateur écologique

Par Valérie Niquet,
politologue, auteure de La Chine en 100 questions.

Depuis le milieu des années 2010, les questions environnementales et le climat occupent une place croissante en Chine. Sur la scène internationale, le dirigeant chinois Xi Jinping multiplie les engagements. Depuis le 13e plan quinquennal (2016-2020), la Chine fixe des objectifs contraints à la réduction des émissions de CO_2 et à la consommation d'énergie. Les dernières annonces en date sont particulièrement impressionnantes pour un pays dont la croissance repose encore très largement sur la production industrielle. Le pic d'émission de CO_2 doit être atteint avant 2030 et la neutralité carbone avant 2060. La part des énergies renouvelables

– hydraulique comprise – doit atteindre 25 % du mix énergétique en 2030, avec une montée en puissance du solaire et de l'éolien. Le 14e plan quinquennal (2021-2025) prévoit une diminution de 18 % des émissions de CO_2 par unité de croissance du PNB. Pour la Chine – et pour le monde –, il y a en effet urgence. La Chine est de loin le premier émetteur de gaz à effet de serre, devant les États-Unis, avec 25 % du total des émissions en 2021. La pandémie de Covid-19 a démontré à la face du monde les ravages produits par les atteintes à la biodiversité, avec l'exploitation non maîtrisée de la faune sauvage, que ce soit sur des marchés peu contrôlés ou dans des laboratoires qui posent question.

Officiellement, le nombre de « jours bleus » sans pollution à Pékin, vitrine du régime, a augmenté depuis le début des années 2010. Il était de 176 jours en 2013, il a atteint 288 en 2021. En 2016, la 18e Assemblée nationale populaire a fixé l'objectif d'une « belle Chine » et en 2018 une campagne « protection du ciel bleu » a été lancée par le Conseil d'État[77].

En dépit de tout cela, le *fog* n'a pas disparu de la capitale, et moins encore des zones avoisinantes, où sont repoussées les industries les plus polluantes. Selon l'OMS, la pollution de l'air dans la capitale est six fois supérieure aux limites définies comme nuisibles à la santé par l'OMS[78].

---

77. "Three-Year Action Plan for Cleaner Air (also Called the Blue Sky War)", IEA/IRENA Renewables Policies Database, 17 mai 2021.

78. Candice Choi, "How China Got Blue Skies in Time for the Olympics", APnews.com, 8 février 2022.

Plus grave, la volonté de changement se heurte dans les faits aux priorités de croissance et de prestige du régime. Pour les jeux Olympiques « écologiques » de 2022, des centaines de canons à neige consommant près de 200 millions de litres d'eau, dans une région qui souffre d'un stress hydrique chronique, ont été utilisés. Ils ont permis de couvrir des pentes noires et déboisées d'un étroit bandeau de neige. Cette contradiction reflète toute la problématique de la relation de la Chine à l'environnement, entre urgence environnementale et volonté de paraître, entre mesures indispensables et impératifs de croissance.

Maîtriser le monde : le rapport de la Chine à la nature

Sans remonter aux empereurs légendaires qui, comme Yu le Grand, auraient introduit les techniques d'irrigation plusieurs millénaires avant notre ère, la maîtrise de la nature, et notamment la maîtrise des eaux dans ce pays de culture rizicole et d'inondations catastrophiques, est une attribution du pouvoir, impérial hier, communiste aujourd'hui. Sous Mao Zedong, la nature doit être conquise, domptée, au mépris de tout esprit scientifique. Le Grand Bond en avant fait 30 millions de morts de faim parce qu'à de mauvaises conditions météorologiques naturelles se sont ajoutés des choix aberrants de destruction des oiseaux et des insectes, modifiant les équilibres naturels, d'objectifs de production délirants pour imiter la commune populaire modèle de Dazhai, de construction folle de milliers de barrages – dont beaucoup sont très vite inutilisables, embourbés par le limon des rivières – de déboisement massif pour augmenter sans réflexion les surfaces cultivables, accélérant les phénomènes de désertification[79]. Symbole de cette période, l'histoire du « vieux qui déplace les montagnes » est rabâchée dans toutes les écoles. Il s'agissait pour le nouveau régime, comme pour ses prédécesseurs, d'imposer sa marque sur le territoire et la population. Aujourd'hui, les projets de dérivation des eaux du sud vers le nord reprennent le schéma de construction du Grand Canal, entre le XIIe et le XVe siècle, qui relie la capitale, Pékin, aux provinces du Sud.

Réformes économiques et course à la croissance : des conséquences dramatiques pour l'environnement

En dépit des excès maoïstes, le faible degré d'industrialisation et d'urbanisation de la Chine au cours des trente années qui ont suivi la fondation de la République populaire de Chine (RPC) a limité les conséquences environnementales. Avec la fin du maoïsme et la période des réformes, en revanche, la très forte croissance que la Chine a connue et la quasi-absence de règles et de contrôles ont eu des conséquences positives pour le développement et la libéralisation du pays, mais dramatiques pour l'environnement. À partir de la fin des années 1970, le développement économique est fondé sur la construction d'infrastructures, une industrialisation massive et des investissements étrangers qui délocalisent

79. Erik Baark et Coco Dijia Du, "The Emergence of Environmental Policy in China: Multiple Streams and the Shaping of Technocratic Bias", *China: An International Journal*, novembre 2021.

en Chine – profitant de l'absence de règles – leur production et leurs industries les plus polluantes. En matière d'efficacité énergétique, la construction, avec le ciment, l'acier et l'aluminium, est particulièrement gourmande en énergie. La production d'engrais et de pesticides, utilisés massivement dans l'agriculture, a des conséquences dramatiques pour l'environnement. La croissance de plus de 10 % en moyenne de 1978 à 2008 et la production d'énergie qui l'accompagne reposent sur le charbon, dont le sous-sol chinois est particulièrement riche, mais qui est aussi particulièrement polluant, tant en ce qui concerne les particules fines que l'émission de gaz à effet de serre. Aujourd'hui encore, la Chine est le premier producteur de charbon, et consomme plus de la moitié du charbon produit dans le monde. En dépit des efforts de diversification, le charbon représente toujours près de 70 % du mix énergétique.

Au cours de la même période, l'urbanisation officielle et non officielle s'est accélérée pour franchir la barre des 50 % de la population, et dans le même temps le nombre de voitures est passé de 27 millions en 2004 à 240 millions en 2018, avec une marge de progression encore considérable[80].

Principal facteur de légitimité du régime, et essentielle pour répondre aux attentes de la population, dont les besoins sociaux sont loin d'être remplis, la croissance se poursuivait avant la crise du Covid, toujours fondée sur l'industrie, gourmande en énergie. De 2010 à 2017, la production

80. Lindsay Maizland, "China's Fight Against Climate Change and Environmental Degradation", cfr.org, 19 mai 2021.

industrielle s'est accrue de 35 % et la Chine est toujours l'usine du monde[81].

Résultat de cette stratégie de développement, la Chine est devenue en 2014 le premier émetteur de gaz à effet de serre, loin devant les États-Unis. En 2019, la Chine rejetait 10,2 gigatonnes de CO_2 dans l'atmosphère, quand les États-Unis en rejetaient 5,3, l'Union européenne 3,1 et l'Inde 2,4. La Chine est donc au cœur des problèmes environnementaux auxquels le monde est confronté.

Prise de conscience et évolution

Les autorités chinoises sont longtemps restées indifférentes aux attentes de leurs partenaires en matière environnementale. Mais 2015 et l'accord de Paris marquent un tournant. Pour la première fois, la RPC s'est engagée à atteindre un pic d'émission de CO_2 « autour de 2030 » et à tenter d'atteindre ce pic plus rapidement[82]. La Chine s'engageait également à réduire l'intensité carbone de 60 % par rapport à son niveau de 2005, à augmenter la part des énergies non fossiles à 20 % du total et à accroître la couverture forestière de 4,5 millions de mètres carrés, toujours par rapport à 2005.

En 2021, à la suite du Climate Ambition Summit de 2020, auquel Xi Jinping a participé, la Chine a publié les objectifs actualisés de sa *Nationally Determined Contribution*, dans laquelle elle s'engage à atteindre la neutralité carbone

---

81. Fei Teng et Pu Wang, "The Evolution of Climate Governance in China: Drivers, Features and Effectiveness", *Environment Politics*, 7 octobre 2021.

82. "China's Contribution to the Paris Climate Agreement", C2ES, juillet 2015.

avant 2060 et le pic d'émission avant 2030[83]. À la COP26, à Glasgow, Pékin a également accepté de signer le document mentionnant l'objectif d'une limitation à 1,5 °C du réchauffement climatique à l'horizon 2060[84].

La traduction des engagements : résolutions, plans quinquennaux et nouvelles lois

Les engagements de la Chine depuis 2015 ont été traduits en interne à plusieurs niveaux. Les plans quinquennaux depuis 2016 mentionnent des objectifs chiffrés. Le 13e plan quinquennal a vu l'adoption d'un projet global pour la conservation de l'énergie et la réduction des émissions. À l'horizon 2025, le 14e plan quinquennal prévoit de contrôler « strictement » les projets de centrales à charbon, puis de les réduire progressivement au cours du 15e plan quinquennal, avant l'échéance d'engagement de 2030. Des objectifs sont donc définis et déclinés par secteurs industriels au niveau national et au niveau local. Les objectifs de réduction des émissions sont également différenciés en fonction des niveaux de développement. Au cours du 13e plan quinquennal, les villes et provinces les plus riches – Pékin, Tianjin, Shanghai, le Hebei, le Jiangsu, le Zhejiang, le Shandong et le Guangdong – devaient réduire leurs émissions de 20,5 % quand, à l'autre extrémité, Hainan, le Tibet, le Qinghai et

83. "China Submits Updated Climate Pledges to UN Ahead of Glasgow Talks", Reuters, 28 octobre 2021.

84. Vincent Rondreux, « COP26 : l'objectif des 1,5 °C maintenu en respiration artificielle », *We Demain*, 13 novembre 2021.

le Xinjiang ne devaient les réduire que de 12 % avec une gradation de 18 à 17 % pour les autres provinces.

La Chine a également publié une série de documents, de lois et de règlements destinés à mettre en œuvre les objectifs fixés par les engagements internationaux du pays et les orientations des plans quinquennaux. En 2016, c'est par exemple la publication par le Conseil d'État de la « stratégie pour une révolution dans la fourniture et la consommation d'électricité 2016-2020 »[85].

Au niveau institutionnel, le Groupe dirigeant national sur la réponse au changement climatique du Conseil d'État est dirigé par le Premier ministre Li Keqiang et mobilise trente ministères et agences gouvernementales. La création du ministère de l'Écologie et de l'Environnement (MEE) au mois de mars 2018, qui couvre le périmètre de son prédécesseur, l'Agence de protection environnementale, et de six autres agences, avec un statut et des pouvoirs accrus, signe également la volonté d'afficher les nouvelles ambitions de la Chine en matière environnementale. C'est ce ministère qui est désormais chargé de mettre en œuvre la stratégie environnementale et climatique de la Chine, de participer aux négociations sur le climat et de contrôler la mise en œuvre en Chine même.

Entre 1979 et 1988, la Chine avait adopté les premières lois concernant la protection de l'environnement, la pollution atmosphérique, l'approvisionnement en eau et la protection de la faune sauvage. Mais c'est à partir du milieu

85. 能源生产和消费革命展略 *Nengyuan shengchan he xiaofei geming zhanlue*, https://www.ndrc.gov.cn/fggz/zcssfz/zcgh/201704/W020190910670685518802.pdf.

des années 1990, alors que les enjeux environnementaux deviennent cruciaux, avant même que la question du réchauffement climatique n'occupe une place centrale, que le travail législatif s'accélère, comblant des vides immenses et répondant à la multiplication des scandales environnementaux. En 1995, la loi sur les déchets solides est promulguée, puis celle sur l'industrie charbonnière en 1996, sur le contrôle des inondations en 1997, puis sur la désertification en 2001. En 2002, c'est la loi de promotion d'une production plus « propre » qui est proclamée, puis la loi sur les énergies renouvelables, et les mesures fiscales de protection de l'environnement en 2008. En 2014, les entreprises les plus importantes doivent publier en temps réel leurs rejets dans l'atmosphère et dans les cours d'eau. La nouvelle loi sur la protection de l'environnement est adoptée en 2015. La législation sur les centrales thermiques à charbon se durcit avec l'interdiction de nouvelles centrales en 2016 pour une période de deux ans[86]. En 2019, le principe de pollueur-payeur est mis en place pour la gestion des déchets et en 2021 la Chine interdit l'importation de tous les déchets, mettant officiellement fin à la lucrative industrie de retraitement des déchets toxiques.

Cette évolution répond aux impulsions politiques au sommet du Parti, qui s'est emparé des thématiques environnementales au nom de « l'harmonie » d'une croissance plus durable. Ce discours est aussi le fruit d'une longue évolution qui remonte aux années 1970. En 1971, la pollution du réservoir

86. "China Confirms Ban on New Coal-Fired Power Plant Construction until 2018", Enerdata.net, 12 juillet 2016.

de Guanting, qui alimente Pékin – et les dirigeants chinois – en eau, a servi de révélateur et a permis aux « experts », derrière le Premier ministre de l'époque, Zhou Enlai, d'amorcer une réflexion sur l'environnement. En 1973, la première conférence nationale sur l'environnement s'est tenue à Pékin, avant que l'élan ne retombe sous la pression des éléments les plus radicaux du parti communiste à la fin de la Révolution culturelle, puis des exigences de rattrapage de croissance avec la mise en œuvre de la politique de réforme et d'ouverture[87].

En 2012, au 18e Congrès du parti communiste, les thématiques environnementales sont à nouveau au premier plan pour construire la « belle Chine » vantée par le nouveau secrétaire général du parti communiste, Xi Jinping[88]. Le principe – en théorie – est d'intégrer tous les éléments du développement économique, politique, culturel, social et écologique. L'environnement fait partie du « rêve chinois » vanté par Xi Jinping. Les notions de rééquilibrage, de développement durable et de protection de l'environnement sont au cœur du discours sur l'économie chinoise, avec des retentissements sur les choix industriels qui doivent respecter des règles environnementales plus strictes, notamment en ce qui concerne la consommation énergétique. Cet intérêt accru pour les questions environnementales est aussi censé permettre une montée en gamme de l'économie chinoise avec la promotion d'industries moins carbonées comme les véhicules électriques ou les technologies

87. Erik Baark et Coco Dijia Du, *op. cit.*

88. « La belle Chine et la protection environnementale : les deux thèmes à l'ordre du jour », French.China.org.cn.

de l'information. Elle répond aux attentes des entreprises étrangères partenaires dont le cahier des charges est plus exigeant sur les conditions environnementales de production[89]. Le plan « Made in China 2025 », lancé en 2015, a l'ambition de faire passer la Chine d'une économie à faible valeur ajoutée et très polluante à une économie fondée sur l'innovation et des industries beaucoup moins polluantes[90]. En ce qui concerne la production d'énergie, la Chine veut se positionner en pointe sur les technologies du charbon propre, du nucléaire, du solaire et de l'éolien en en faisant aussi des vecteurs de puissance industrielle et d'influence au-delà de ses frontières.

Répondre au mécontentement de la population

Au-delà de ces incitations politiques et économiques, il existe plusieurs éléments qui expliquent l'importance nouvelle accordée par les autorités chinoises et le parti communiste aux questions environnementales.

L'un des facteurs les plus importants est le coût considérable en matière de légitimité politique – notamment auprès de la classe moyenne – de la catastrophe environnementale dans laquelle la RPC s'est enfoncée au nom d'une croissance non contrôlée. Les analystes chinois, conscients de ce coût, mettent en avant le statut de victime de la Chine, pays usine pour le reste du monde, et tout particulièrement les pays

---

89. Justin Joseph, Joe Thomas Karackattu, "New Media Activism and Politics of Ecology in the People's Republic of China", *China Report*, 25 mars 2022.

90. Liu Lingxuan, "Green Supply Chains Initiatives in China: the Role of Non-State Actors", in Dan Guttman, Yijia Jing, Oran R. Young, *Non-State Actors in China and Global Environmental Governance*, Springer Verlag, 2021.

développés[91]. Longtemps réticente à tout engagement, la Chine réalise aussi aujourd'hui qu'elle est particulièrement vulnérable aux conséquences du changement climatique. Les inondations en Chine ne sont pas un phénomène nouveau, mais elles se multiplient. Le nord et l'ouest du pays sont arides, mais la désertification s'accélère, touchant plus de 25 % du territoire. Les typhons sont plus nombreux, provoquant des glissements de terrain aux conséquences catastrophiques[92]. Quatre-vingts pour cent des nappes phréatiques sont polluées par les engrais, les pesticides utilisés massivement et les rejets industriels. Un cinquième des terres arables sont aussi polluées par les métaux lourds, les industries chimiques, les déchets toxiques. La Chine recycle plus de 50 % de tout le plastique dans le monde et, même si les règles ont changé – l'importation de déchets plastiques étant en théorie interdite –, la pollution demeure massive. De même, la Chine est le premier « producteur » de terres rares, une vingtaine d'éléments essentiels pour la production de téléphones portables, éoliennes, voitures électriques ou matériel militaire, dont l'extraction est particulièrement toxique, avec 71 % de la production mondiale. Elle doit cette position aux bas coûts permis par une régulation beaucoup moins stricte qu'aux États-Unis ou en Australie[93]. Pour la Chine, cette production fait partie des priorités, avec

91. Fei Teng et Pu Wang, *op. cit.*

92. *Ibid.*

93. Alice Su, "The Hidden Cost of China's Rare-Earth Trade", *Los Angeles Times*, 29 juillet 2019.

l'ambition de devenir un acteur majeur dans le secteur des véhicules électriques, et en raison des moyens de pression que ce quasi-monopole offre à la direction chinoise, quel que soit le coût environnemental. Les villages de cancéreux ont frappé l'opinion publique, comme les lacs de déchets toxiques en Mongolie intérieure, mais chaque année le nombre de décès prématurés attribués à la pollution de l'air, du sol et des eaux dépasse le million[94].

Dans le même temps, l'environnement était devenu une niche de protestation tolérée par le pouvoir, au moins jusqu'à la reprise en main idéologique imposée par Xi Jinping. En adoptant des mesures plus favorables à l'environnement, en répondant aux scandales, il s'agissait pour le pouvoir de désamorcer des crises potentiellement plus graves, et de répondre aux centaines de manifestations annuelles sur ce sujet[95]. Les réseaux sociaux, en dépit d'une censure de plus en plus stricte, ont pu servir à diffuser des informations et à l'organisation de manifestations. Depuis 2015, un amendement à la loi de protection environnementale autorise les ONG à se constituer parties civiles et à porter plainte en cas d'atteinte à l'environnement. En 2017, des avocats activistes des causes environnementales ont porté plainte contre les villes de Pékin et de Tianjin et contre la province du Hebei[96]. Les organes d'État et les médias, toujours liés au pouvoir, ont

94. Donna Lu, "Air Pollution in China May Have Caused Millions of Deaths Since 2020", *New Scientist*, 21 septembre 2020.

95. Justin Joseph, Joe Thomas Karackattu, *op. cit.*

96. Stanley Lubman, "Can Environmental Lawsuits in China Succeed?", ChinaFile, 14 décembre 2017.

également pu s'emparer de certaines causes, dans d'étroites limites, pour diminuer les tensions, y compris en se défaussant sur les autorités locales. Mais la reprise en main est rapide quand l'audience devient trop importante. En 2015, les débats qui ont suivi la diffusion sur les réseaux sociaux du film de la journaliste Chai Jing sur la pollution atmosphérique, *Under the Dome*, qui a été vu par plus de 200 millions de personnes en quelques jours, ont été rapidement censurés.

Faire de l'environnement un instrument de la stratégie globale de puissance de la Chine

Mais la question environnementale, et particulièrement les enjeux du réchauffement climatique, est aussi pour les autorités chinoises (c'est sans doute un facteur essentiel d'évolution, si ce n'est le principal) un instrument de renforcement de leur capacité d'influence sur la scène internationale. Quel que soit le degré de tension, la question climatique est constamment citée comme un facteur de coopération avec Pékin. La RPC a su habilement jouer des attentes de ses partenaires, dont la France, qui ont eux-mêmes fait de la lutte contre le réchauffement climatique un marqueur de leur stratégie extérieure, et qui ont besoin de la coopération du régime chinois. En effet, les enjeux sont considérables, aucun progrès ne pourra être effectué sans la participation de la Chine, ce pays étant le premier émetteur de gaz à effet de serre de la planète. Mais cette coopération est loin d'être définitivement acquise et fait l'objet d'un calcul constant de la part des dirigeants chinois.

Dans ce jeu de puissances et de partenariats, la question climatique permet aussi à la Chine d'afficher un terrain d'entente avec les États-Unis. Au mois de juillet 2021, l'envoyé spécial pour le climat John Kerry s'est rendu à Shanghai et un communiqué commun sur la crise climatique a été publié. Xi Jinping a accepté de participer au sommet virtuel sur le climat convoqué par Joe Biden en 2021. À la COP26 de Glasgow, à laquelle Xi Jinping n'était pas présent, c'est à nouveau la déclaration conjointe sino-américaine sur le renforcement des actions pour le climat – en pleine tension sino-américaine – qui a été remarquée. C'était l'objectif recherché par la RPC, qui place la Chine au premier plan, aux côtés de la superpuissance américaine.

De même avec l'Union européenne, le climat fonde la qualification de « partenaire », qui équilibre le concept de rival systémique mis en avant depuis la fin des années 2010 par la Commission[97].

Après avoir été longtemps réticente à tout engagement, la Chine a compris qu'elle pouvait se servir de la question climatique comme d'un instrument pour améliorer son image et renforcer son rôle sur la scène internationale. C'était déjà le cas en 1972, un an à peine après son admission à l'ONU, quand la Chine de Mao a envoyé une délégation imposante pour ses débuts onusiens en participant à la Conférence de Stockholm sur l'environnement[98]. Déjà, les questions

97. EU-China Relations factsheet, European Union External Action, https://www.eeas.europa.eu/eeas/eu-china-relations-factsheet_en

98. Erik Baark et Coco Dijia Du, *op. cit.*

environnementales, plus consensuelles, permettaient de nouer et d'entretenir un dialogue, et de donner une place à la RPC sur la scène internationale. Aujourd'hui, Pékin met en avant le « concept » xijinpingien de « communauté de destin pour l'humanité », transposition du « rêve chinois » à l'échelle de la planète. La RPC se sert de ses positions sur les questions climatiques et de sa « bonne volonté » pour se positionner en pointe sur le multilatéralisme onusien, où son influence se renforce, et tenter d'améliorer une image très dégradée sur la scène internationale[99].

La question climatique permet aussi à la Chine de « verdir » et de renforcer le périmètre de la Belt and Road Initiative (BRI, les nouvelles routes de la Soie), et d'en tirer par la même occasion un bénéfice économique en diffusant les technologies « propres » qu'elle développe, notamment dans l'éolien et le solaire. Ce verdissement est également destiné à répondre aux critiques qui accusent la Chine de ne pas respecter les normes environnementales dans ses projets d'investissements dans les pays du Sud[100]. Le climat est ainsi devenu un élément de la stratégie d'influence de la Chine dans le Pacifique, en Asie du Sud-Est et sur le continent africain avec des programmes de coopération qui tentent de mettre en avant la dimension environnementale. En 2019, la Chine a inauguré la BRI International Green Development Coalition (BRIGC), une plateforme de dialogue qui réunit chaque année 130 membres, organisations gouvernementales

99. *New Nationally Determined Contribution: China.*
100. Liu Lingxuan, *op. cit.*

et non gouvernementales des pays soutenant la BRI. L'influence passe par l'offre de transferts de technologies, de programmes d'aide dans les secteurs de la biodiversité, de l'énergie verte, de l'agriculture verte, etc. La Chine a mis en place un fonds de coopération pour le climat (Green Climate Fund) chargé d'accompagner les projets « verts » dans le cadre de la BRI[101].

Ainsi, Pékin a l'ambition de devenir « leader » sur les questions climatiques et d'imposer, par la même occasion, ses propres normes[102]. Pour les dirigeants chinois, les considérations environnementales sont donc devenues un instrument d'influence qui permet de renforcer la place de la Chine dans le monde, au service de ses intérêts[103].

Des résultats indéniables, mais des limites systémiques difficiles à surmonter

Grâce à ce faisceau de motivations internes et externes, la politique chinoise en matière d'environnement a évolué, et des résultats ont été obtenus. Dans le mix énergétique, la part des énergies renouvelables est passée de 7,9 % en 2009 à 15,3 % en 2019. La Chine est aujourd'hui le premier producteur de panneaux solaires et d'éoliennes dans le monde. Elle est également leader dans l'énergie nucléaire, avec 17 nouvelles centrales en construction en 2021. La part

---

101. Hao Zhang, "China and Climate Multilateralism, a Review of Theoretical Approach", *Politics and Governance*, vol. 10, issue 2, 2022.

102. *Ibid.*

103. *Ibid.*

des véhicules électriques est également en augmentation constante, avec 1,37 million de véhicules vendus en 2020 et, d'ores et déjà, dans les villes de Chine, la quasi-totalité des véhicules à deux roues sont électriques[104].

Dans le même temps, l'intensité carbone de l'économie chinoise, qui mesure la quantité de gaz à effet de serre émis par rapport au PNB, a diminué de 48,1 % entre 2005 et 2019, un taux supérieur aux prévisions initiales limitées à 45 % de réduction. Enfin, entre 2005 et 2019, la part du charbon dans la totalité de l'énergie consommée serait passée de 72,4 % à 56,8 % en 2020, en partie grâce au très fort ralentissement de l'économie due au Covid en 2020.

Toutefois, en dépit de ces progrès, de très nombreuses limites structurelles, liées aux contraintes économiques et à la nature du système politique, freinent les progrès et les engagements de la Chine en matière environnementale.

Premier blocage, sur le plan des principes, en dépit de l'évolution de ses positions, la Chine se considère d'abord comme une victime appartenant au monde en développement et rejette la responsabilité première sur les pays occidentaux. La RPC souligne que le réchauffement climatique est dû à l'activité humaine depuis les débuts de la révolution industrielle. La Chine est victime – et l'argument n'est pas totalement faux – des stratégies de délocalisation des économies développées, qui ont « exporté » leur pollution en Chine. La RPC plaide donc le principe de « responsabilité commune – qui souligne son

104. Lindsay Maizland, *op. cit.*

engagement – mais différenciée ». Comme pour les négociations sur le contrôle des armements nucléaires, la Chine considère que c'est d'abord aux autres de faire les pas les plus conséquents. La RPC, en ce domaine, se pose aussi en chef de file des pays en développement, ou s'abrite derrière leurs positions plus radicales. Ainsi, en raison de ce positionnement, de nombreuses questions ne sont pas résolues, dont la mise en place d'engagements chiffrés et juridiquement contraignants et la vérification de ces engagements[105].

La deuxième contrainte est d'ordre économique. Une forte croissance est nécessaire au pouvoir chinois pour conforter sa légitimité et répondre à des besoins sociaux considérables. Cette croissance ralentie depuis le début des années 2010 et la pandémie de Covid a accentué la tendance en dépit du rebond de 2021, comme la guerre en Ukraine, qui augmente les coûts de l'énergie et des matières premières. La croissance chinoise demeure tirée par les exportations de « l'atelier du monde », la construction d'infrastructures et l'immobilier, toutes des activités gourmandes en matières premières et en énergies. En 2021, la production industrielle représentait encore 39,4 % du PNB. Devant la nécessité de maintenir une croissance élevée, les engagements environnementaux sont remis en cause. En 2016, la Chine a interdit la construction sur son territoire de nouvelles centrales à charbon, cette mesure a été levée en 2018 et, depuis cette date, le rythme de construction de centrales à charbon s'est encore accéléré. La consommation

105. Hao Zhang, *op. cit.*

de CO_2 continue d'augmenter avec la croissance de la production industrielle sur laquelle repose l'économie[106].

Dans le même temps, dans la production d'électricité, la part des énergies fossiles, et en tout premier lieu le charbon, qui mobilise 50 % du transport ferroviaire sur le territoire chinois, demeure ultra-majoritaire, avec 69 % du mix énergétique. Une proportion qui a peu évolué. Les énergies éolienne et solaire représentent 21 % des capacités installées, mais 9 % de la production réellement livrée. Le morcellement des réseaux et des intérêts entre provinces constitue encore un obstacle à une parfaite rationalisation.

Par ailleurs, en dépit du discours sur le verdissement des projets d'investissement liés à la BRI, la Chine continue d'exporter ses industries les plus polluantes du centre vers les périphéries dans et hors de son territoire. Les usines les plus polluantes sont éloignées de la capitale, Pékin, et réinstallées dans les provinces voisines. Les opérations de prestige du régime comme les jeux Olympiques puisent dans les réserves hydriques de régions très touchées par la sécheresse. Le pouvoir central accuse les nomades de contribuer à la désertification par leurs mauvaises habitudes de pâturage, prétexte à la sédentarisation au Tibet, au Xinjiang ou en Mongolie intérieure, mais il pollue les sols par l'exploitation massive de mines légales ou illégales et des métaux rares[107]. Le même phénomène se produit à

106. Lili Pike, "China Aims to Be Carbon Neutral by 2060. Its New 5-Year Plan Won't Cut it", *Vox*, 5 mars 2021.

107. Alice Su, *op. cit.*

l'extérieur. La Chine affirme contrôler la construction de nouvelles centrales à charbon sur son territoire, mais en construit toujours dans les pays en développement les plus dépendants de son soutien, et il n'est pas certain que ses engagements les plus récents en la matière, énoncés par Xi Jinping devant l'Assemblée générale de l'ONU au mois de septembre 2021, soient respectés. Il en va de même des barrages, qui bouleversent les milieux naturels en Asie du Sud-Est. Entre 2013 et 2020, 60 % des projets financés dans le cadre de la BRI sont liés à la production d'énergie. La Chine a financé 27 centrales à charbon, dont 7 au Pakistan et 6 au Vietnam. Elle a financé la construction de 28 barrages, dont 11 au Laos, et 5 au Pakistan, en dépit des inquiétudes exprimées par les pays riverains, dans le bassin du Mékong. Les grands projets hydrauliques de la Chine dans l'Himalaya, qui visent à détourner une partie des eaux du plateau tibétain, ont des répercussions directes sur le cours du Brahmapoutre, qui alimente l'Inde et le Bangladesh[108].

À un autre niveau, la Chine est aussi responsable de la surexploitation du bois importé légalement ou illégalement de Papouasie-Nouvelle-Guinée, d'Asie du Sud-Est ou d'Afrique.

Ces phénomènes sont favorisés par une gouvernance interne défaillante, liée à un système politique qui interdit l'émergence d'un système légal indépendant, d'une véritable transparence, et qui favorise la corruption comme la prise de décisions irrationnelles. Les autorités locales ont mission de

---

108. Hongzhou Zhang et Genevieve Donnellon-May, "China's Hydropower Plan on the Brahmaputra", *The Diplomat*, 1er septembre 2021.

mettre en œuvre les objectifs du plan national, décliné au niveau local, en matière environnementale, mais le coût économique, et donc le non-respect des objectifs du plan en matière de croissance, est mal pris en compte. Les provinces les plus pauvres sont aussi celles où sont délocalisées les industries les plus polluantes, rendant plus difficile le respect d'objectifs contradictoires. La crainte d'être sanctionné, celle de voir sa carrière brisée, le facteur de la corruption endémique en dépit des campagnes multiples pèsent sur la prise de décision.

Ce sont ces injonctions contradictoires qui ont abouti aux pénuries d'électricité à la fin de l'année 2021. Au mois d'août de la même année, la Commission nationale de développement ordonnait à 20 provinces et villes de réduire leur consommation énergétique pour atteindre les objectifs du plan en matière environnementale, entraînant des fermetures de centrales pour répondre à ces injonctions du pouvoir central[109]. Enfin, au niveau local, le poids des industries gourmandes en énergie, mais sources de revenus considérables, est particulièrement important, pesant sur les choix et les prises de décision.

La Chine est à la fois confrontée à un risque maximal lié aux questions environnementales et au réchauffement climatique. La Banque asiatique de développement prévoit que la température pourrait s'élever de 2,5 °C en Chine à l'horizon 2050 et de 5,2 °C à l'horizon 2090. La population

109. Keith Bradsher, "Power Outages Hit China, Threatening the Economy and Christmas", *The New York Times*, 27 septembre 2021.

chinoise est la première victime de ce réchauffement climatique et de la pollution, et les dirigeants sont conscients des risques de mécontentement populaire. Les protestations à Shanghai contre la politique de « zéro Covid » poussée à l'extrême montre que la classe moyenne est prête à se révolter lorsque ses intérêts directs, dont la santé de ses enfants, sont en danger. Le monde est aussi victime de ses propres choix de développement, fondés sur l'exploitation des failles d'un système politique plus tolérant pour le non-respect des règles environnementales, et donc offrant des coûts de production moindres. Toute évolution en la matière reste toutefois liée à l'adoption de principes de meilleure gouvernance, elle-même conditionnée à des changements fondamentaux que le pouvoir chinois refuse par crainte de « changement de régime ». Symbole de ces blocages, alors que la société civile faisait entendre sa voix sur les questions environnementales, avec l'aval du pouvoir central, la reprise en main idéologique et des réseaux sociaux imposée par Xi Jinping a remis en cause ces avancées. Éloignant du même coup un peu plus la Chine – à moins d'un changement de direction à Pékin – de ses objectifs.

« LE TRAFIC DES FEMMES EST UN
COMMERCE DONT L'OBJECTIF OFFICIEL
EST D'ATTÉNUER LA PÉNURIE
DE FEMMES DISPONIBLES SUR
LE MARCHÉ MATRIMONIAL, NOTAMMENT
DANS LES ZONES RURALES,
ET DE RÉSOUDRE EFFICACEMENT
L'INCAPACITÉ DES FAMILLES PAUVRES À
ASSUMER LE COÛT ÉNORME DU MARIAGE.
PLUSIEURS CARACTÉRISTIQUES DE LA
TRAITE DES MINEURES ET DES FEMMES
EN CHINE ONT ÉTÉ DÉMONTRÉES. »

CHAPITRE 5

Être femme en Chine aujourd'hui[110]

Par Tamara Lui,
documentariste, spécialiste de l'immigration chinoise,
ancienne journaliste pour deux grands médias hongkongais.

Les transformations gigantesques de la Chine depuis une quarantaine d'années ont fait émerger de nouvelles idées et ont permis l'éclosion de plus de diversité dans les modèles sociaux. Mais elles n'ont pas profondément changé ceux, fondamentaux, qui régissent les valeurs familiales. La réévaluation de la place des femmes reste encore aujourd'hui une ligne de front qui peut bouger, mais qui est tout sauf tranquille et apaisée.

---

110. Ce chapitre a bénéficié de la lecture attentive et des critiques pertinentes de Renaud de Spens, Patrick Cozette et Pierre-Antoine Donnet.

De nombreuses études sur les femmes chinoises sont parues en France, notamment depuis 2012[111], et ailleurs en Occident. Le genre constitue un paradigme extrêmement fécond pour analyser et comprendre la dialectique des ruptures et des continuités de la société chinoise contemporaine. On peut y apporter quelques éléments complémentaires à la suite des bouleversements des technologies numériques et du renforcement des contrôles du pouvoir central.

Dans la culture traditionnelle chinoise, la distinction biologique entre les sexes est naturellement acceptée et l'accent est mis sur l'harmonie du Yin et du Yang. Bien que la Chine soit relativement avancée par rapport à d'autres pays en matière de législation et de politiques, les coutumes et les représentations traditionnelles exercent aujourd'hui les différentes formes d'oppression et d'inhibition sur les femmes.

Les réformes des années 1980 se sont faites au prix de la disparition de l'emploi garanti (« bol de riz en fer », en chinois 铁饭碗) et d'un niveau élevé de protection sociale. La prospérité du pays est indéniable, grâce à une main-d'œuvre à coût bas et aux prestations sociales peu élevées, sans oublier que les femmes s'occupent des enfants et des personnes âgées à domicile. En d'autres termes, une vie familiale stable et efficace contribue à la cohésion sociale et participe à la modernisation du pays. De ce point de vue, toutes les questions liées aux inégalités de genre contestées

111. Marylène Lieber et Tania Angeloff, *Chinoises au XXIe siècle : Ruptures et continuités*, La Découverte, 2012.

par le mouvement féministe pourraient troubler l'ordre social et affecter la stabilité de la famille.

D'une part, les difficultés rencontrées sur le terrain par les féministes chinoises montrent des complicités inattendues entre les autorités locales et les auteurs de faits violents envers les femmes. D'autre part, le harcèlement et les agressions sexuelles sont toujours un tabou, outre que l'absence totale d'éducation à la sensibilisation sur la discrimination de genre à l'école et au travail amplifie les problèmes. La promotion de l'égalité entre les sexes disparaît dans les discours politiques à l'aune de la modernisation et de la transition sociale et économique du pays, comme ça a été le cas depuis trois décennies, de 1950 à 1980[112].

Malgré la promulgation de la loi de 1985 stipulant que les femmes ont des droits égaux à ceux des hommes dans les successions, la Chine conserve un système familial communautaire et patrilinéaire, qui privilégie le fils et déprécie la fille[113]. La politique de l'enfant unique appliquée pendant plus de trente ans a accru le problème démographique du grave déséquilibre entre les naissances de filles et de garçons au profit de ces derniers, accentuant les discriminations structurelles et culturelles.

---

112. Laurence Roulleau-Berger, « 12. En guise de conclusion. Femmes chinoises, modernités multiples et individuation », in Marylène Lieber et Tania Angeloff, *op. cit.*, p. 231-245.

113. Isabelle Attané, « 1. Toujours moins de femmes en Chine ? L'impact démographique et social des discriminations sexuées », in Marylène Lieber et Tania Angeloff, *op. cit.*, p. 25-42.

Retournant une des accusations de dépréciation du pouvoir masculin qui leur sont souvent reprochées, les féministes chinoises emploient le terme de « castration » (阉割) pour caractériser le fait que les paroles des victimes de l'injustice sociale sont souvent muselées, et aussi que continue la répression des manifestations tant collectives qu'individuelles, avec des espaces de discussions virtuels réduits au minimum[114].

Dans un pays où le taux de pénétration numérique et d'accès à l'Internet dépasse ceux des autres pays industrialisés, où le pouvoir en place affiche sans faille une volonté de maintenir la stabilité sociale, où l'industrie et le développement des plateformes numériques prolifèrent très rapidement, les revendications sur l'égalité des sexes et les discours des féministes ont du mal à trouver leur nécessaire espace public.

S'intéresser à la société chinoise, c'est étudier le rapport de force entre la parole publique revendiquée par la population et les valeurs fondamentales imposées par le régime. La recherche du profit commercial complexifie encore cette situation déjà conflictuelle et renforce la dichotomie dominant/dominé, légitime/illégitime dans toutes les couches de la société. Pour maintenir la stabilité, les autorités publiques cherchent à masquer et à dissimuler tous les mécontentements provoqués par les traitements injustes et inégaux. Elles s'attellent à étouffer les paroles hétérodoxes, proscrivent toutes les questions de genre du domaine public et les restreignent à la sphère privée.

114. Séverine Arsène, *Internet et politique en Chine*, Karthala, Recherches internationales, 2011 ; Pierre Haski, *Internet et la Chine*, Seuil, 2008.

Il y a tout juste un siècle, la question de la libération des femmes avait été au cœur des mouvements révolutionnaires de 1919 qui ont donné naissance au féminisme d'État après le régime communiste en Chine.

La naissance du féminisme révolutionnaire

Le point de départ du féminisme chinois contemporain est souvent fixé symboliquement à l'histoire de Qiu Jin (秋瑾). En 1903, à 28 ans, mécontente de son mariage arrangé, elle se libère de ses pieds bandés, quitte son mari et ses deux enfants et part au Japon pour étudier. À son retour, elle enseigne dans une école pour filles. Féministe pionnière, révolutionnaire proche de Sun Yat-sen, elle est décapitée le 13 juillet 1907, après l'échec du coup d'État.

Les idées féministes reviennent cependant en force avec le mouvement révolutionnaire étudiant du 4 mai 1919, dirigé contre le traité de Versailles. Certaines étudiantes promeuvent une nouvelle image de la femme indépendante qui s'empare de l'idéal d'aimer et de divorcer librement, et surtout exigent l'accès à toutes les professions. En devenant la première génération de femmes avocates, médecins ou écrivaines pendant les années 1930, adhérentes de la première heure au Parti communiste chinois, fondé en 1921, elles sont devenues les membres fondatrices de la Fédération des femmes de Chine en 1949.

Beaucoup de femmes qui rejoignent le Parti le font pour fuir leur mariage forcé. Le discours égalitaire des sexes du Parti est la principale motivation de leur adhésion et de leur engagement dans l'armée en rejoignant Mao Zedong à Yan'an, fief communiste dans l'extrême nord-ouest de la Chine. Après l'établissement de la République de Chine en 1911, on dénombre plus de 530 000 femmes membres communistes (12 %)[115]. Issues de la classe bourgeoise ou de celle des propriétaires fonciers, anciennes étudiantes ou paysannes, elles sont assignées aux différents postes selon leur niveau d'éducation après 1949.

Cependant, il s'agit souvent d'un féminisme de façade, comme le montre l'histoire de Deng Yingchao (邓颖超). À l'âge de 15 ans, elle participe au mouvement du 4 mai en 1919, où elle rencontre Zhou Enlai (周恩來), un des leaders des étudiants. Après leur mariage en 1925, elle participe à la Longue Marche en 1934. Fondatrice de la fédération, elle participe à l'élaboration de la première loi sur le mariage. Cependant, à la demande de son mari, Premier ministre de l'époque, Deng Yingchao n'aura jamais occupé un poste de haute fonction au sein du Parti. Ayant consacré toute sa vie au bénévolat dans la fédération, désabusée, elle finit par se décrire ironiquement comme femme au foyer à Zhongnanhai, le centre du pouvoir suprême chinois à Pékin.

---

115. Selon Zhang Xixian, professeur à l'école du Parti du Comité central du Parti communiste chinois (PCC), la période de Yan'an, dans les années 1940, fut le premier sommet du développement du PCC, et après la fondation de la République populaire de Chine, en 1949, le nombre de membres du PCC, en tant que parti au pouvoir, a de nouveau connu une croissance rapide. Au début de la Chine nouvelle, il y avait environ 4,47 millions de membres du Parti, et au moment du 8e Congrès du parti communiste, en 1956, ils étaient plus de 10 millions.

L'épouse de Mao Zedong, Jiang Qing (江青), semble à première vue être un exemple contraire, symbole de la femme au pouvoir dans les pays socialistes. Ancienne actrice, elle soutient la Révolution culturelle qui commence en 1966 et les Gardes rouges instrumentalisés par Mao Zedong afin de réduire à néant toute opposition.

Nommée première adjointe à la tête de la Commission de la Révolution culturelle, elle devient conseillère de l'armée pour les affaires culturelles. Élue deux fois membre du Bureau politique du Comité central (1969 et 1973), dotée d'un sens aigu de l'attrait sexuel dont elle fait abondamment usage pour séduire Mao, et animée par une ambition politique démesurée, « elle impose ses vues, exerce sa censure et persécute les créateurs qui s'écartent de la ligne officielle[116] ».

Néanmoins, l'ayant rencontrée en juillet et août 1972 dans sa villa à Canton, l'écrivaine féministe américaine Roxane Witke raconte dans un long article publié juste après le suicide de Jiang Qing, en décembre 1991[117], que celle-ci n'a jamais mentionné ses histoires d'amour ni ses précédents mariages avant sa rencontre avec Mao pendant ces longues heures d'entretien[118].

Il reste qu'en dépit des slogans de la propagande de la Révolution culturelle la Chine était restée une société

116. Jean de la Guérivière, « La propagatrice de la pensée de Mao », *Le Monde*, 27 janvier 1981.

117. "The Last Days of Madame Mao", *Vanity Fair*, décembre 1991.

118. Jiang Qing s'est mariée trois fois avant de rencontrer Mao. Son troisième mari, Tang Na, fuit la Chine après 1949, et, passant par Hong Kong, arrive à Paris, où il meurt en 1988.

profondément sexiste, écrit-elle, une société où les hommes peuvent être libertins mais les femmes doivent être chastes, sous peine d'être traitées du terme insultant de « chaussure usagée » (破鞋).

Féminisme d'État et luttes transclasses

À partir de 1943, le Comité des femmes du Parti communiste chinois, par le biais de ses recherches et de ses études, indique que la première étape vers l'émancipation des femmes chinoises était d'atteindre l'indépendance économique et que le mouvement des femmes devait adhérer à une perspective à visée productive. Au moins, c'est au niveau du discours narratif que le parti communiste commence à poursuivre une nouvelle identité de genre. Alors, l'émancipation des femmes est présentée comme étant l'une des politiques majeures de la Chine depuis l'arrivée au pouvoir du communisme. L'égalité des hommes et des femmes est inscrite dans la Constitution chinoise depuis 1954.

Sous la direction du Parti communiste chinois, la « libération des femmes » et la « libération de la classe », la « libération nationale » et la « renaissance nationale du pays », ces quatre mouvements se mélangent et s'imbriquent les uns dans les autres. C'est l'une des principales caractéristiques du mouvement des femmes chinoises (中国妇女运动), est-il écrit sur le site du Parti communiste chinois.

La Fédération des femmes de Chine (全国妇联) a été la première et la plus importante organisation créée en 1949 sous le nom de « Fédération des femmes démocratiques » (民

主妇联), couvrant des femmes de tous les groupes ethniques et du gouvernement central aux comités urbains et aux zones rurales les plus populaires. Elle est connue comme une organisation à la fois horizontale et verticale. Cette fédération est un organe relevant directement du Comité central du Parti communiste chinois[119] et est subordonnée à la hiérarchie patriarcale socialiste[120].

La théorie d'Engels selon laquelle « les femmes ne peuvent s'émanciper qu'en participant à la production sociale » est d'emblée devenue la légitimité théorique et l'objectif du concept promu par la fédération. Parmi ces femmes cadres communistes, plutôt bureaucrates que militantes, la première génération de féministes d'État socialistes[121] croit en la théorie socialiste de la libération des femmes, issue de l'Internationale communiste, selon laquelle l'émancipation complète des femmes ne pouvait être atteinte que dans un système socialiste, après l'élimination de la propriété privée.

Les différentes branches sous l'égide de la fédération ont vu le jour dans les provinces. Leurs membres se servent de leurs privilèges et de leur pouvoir au sein du système pour faire avancer les droits des femmes, notamment dans les milieux ruraux et la campagne reculée. Jusqu'aux

119. Tania Angeloff, « Le féminisme en République populaire de Chine : entre ruptures et continuités », *Revue Tiers Monde*, vol. 209, n° 1, 2012, p. 89-106. 冯媛《山西师大学报（社会科学版）》2020年第5 期；https://mp.weixin.qq.com/s/t97p7tIg21b2ZMA9rQ00zA.

120. Wang Zheng, "'State Feminism'? Gender and Socialist State Formation in Maoist China", *Feminist Studies*, 31 (3), 2005, p. 519.

121. *Ibid.*

années 1990, les aboutissements de leurs combats et de leurs actions marquant des avancées visibles en matière d'égalité des sexes et de classes dans la société chinoise sont : l'application de la loi sur le mariage, considérée comme symbole de l'abolition du féodalisme; les mesures en faveur de l'égalité de genre, de classe et d'origine ethnique; la participation des femmes à l'emploi rémunéré, en permettant aux femmes d'occuper des postes dominés par les hommes; l'alphabétisation et la promotion de la santé maternelle et infantile des femmes rurales; la production et la diffusion des informations sur les objectifs socialistes et féministes. Bien que responsables des postes locaux des comités du Planning familial, elles étaient en première ligne à appliquer la politique de l'enfant unique entre 1979 et 2015, où l'avortement automatique et la stérilisation forcée ont été officiellement pratiqués.

La première loi de la République populaire de Chine sur le mariage, adoptée en 1950, stipule que les femmes mariées ont des droits égaux à ceux des hommes à l'indépendance, à l'éducation et à l'emploi, et qu'elles gardent leur nom de naissance.

« Tant que les inégalités de classe existeront, l'égalité des sexes ne pourra pas être atteinte » est le slogan des communistes chinois entre 1949 et 1980. Il postule que le seul moyen par lequel les femmes pourront effacer leur inégalité est de s'investir massivement sur le marché du travail. Mais paradoxalement, les discours des années 1950 insistent aussi sur l'aptitude naturelle des femmes à tenir leurs rôles d'épouse, de mère et de gardienne du foyer[122]. Dans la logique à la fois productiviste et conservatrice de l'époque, les femmes doivent contribuer à la production économique nationale tout en assurant le bon fonctionnement du foyer et de l'éducation des enfants. La question d'égalité de genre n'est pas une priorité de l'État[123], qui la relègue à la sphère privée.

Au nom de « l'égalité de genre » était diffusée l'idéologie de la désexualisation des rapports de genre des années 1950 aux années 1970, qui signifiait aussi l'imposition d'habitus corporels fondés sur le refoulement des émotions et des affects, c'est-à-dire le déni des espaces d'intimité[124]. En effet, l'égalité entre les hommes et les femmes, en tant qu'idéologie, passait par l'asexualisation des rapports sociaux. L'obligation de porter des uniformes à l'usine, le même pour les hommes et les femmes, visait à neutraliser l'identité des femmes sur le lieu de travail[125]. Elles avaient la même coupe de cheveux au carré ou bien en tresse pour les cheveux longs. Aucun signe extérieur de la féminité n'était toléré, et il fallait gommer les différences sexuelles apparentes.

122. Harriet Evans, « 8. Le genre des liens affectifs dans la Chine urbaine : deux générations mère-fille aujourd'hui », in Marylène Lieber et Tania Angeloff, *op. cit.*, p. 157-175.

123. *Ibid.*

124. Zhou Xuelin, « 11. Femmes chinoises et discours sur le genre dans le cinéma de la République populaire de Chine », in Marylène Lieber et Tania Angeloff, *op. cit.*, p. 215-230.

125. Coline Lett, *Le Prétexte du vêtement? Sociologie du genre au prisme des pratiques vestimentaires*, thèse de doctorat, 2016, https://tel.archives-ouvertes.fr/tel-01372404/document.

Dans la vie quotidienne, à partir des années 1950, le style Lénine, composé d'une veste large à double boutonnage avec un col ouvert et une ceinture en tissu nouée autour de la taille, assortie d'un pantalon ample de la même couleur, est à la mode. En plus d'afficher les aspirations révolutionnaires de l'époque, il donne un caractère neutre. À partir des années 1960, les critères d'achat des vêtements sont la portabilité et la résistance à la saleté. Trois couleurs sont possibles : le gris, le noir et le bleu, valables pour les quatre saisons, tant pour les hommes que pour les femmes.

Les conférences mondiales et l'étude de genre

Après l'ostracisme subi, lié aux événements tragiques du Printemps de Pékin en 1989, le gouvernement chinois avait utilisé tous les canaux d'influence possibles pour retrouver son rôle sur la scène internationale. En accord avec l'ONU, Pékin avait ainsi été l'organisateur de la 4e Conférence mondiale sur les femmes, en septembre 1995 ; en contrepartie, la Chine acceptait de laisser entrer les organisations non gouvernementales (ONG) sur son territoire. Quarante mille participants, dont un grand nombre d'associations et d'institutions privées étrangères, et 6 000 représentants gouvernementaux de pays différents y avaient émargé. Pendant la conférence, le concept de « mécanisme national » avait été adopté dans le programme d'action : intégration d'une perspective égalitaire de genre dans tous les domaines politiques (*gender mainstreaming* en anglais), en mettant l'accent sur la production, la diffusion et l'utilisation de données et d'informations spécifiques pour la planification et l'évaluation.

Le concept de genre (社会性别), qui n'apparaissait pas jusqu'à présent dans la théorie révolutionnaire chinoise, avait ainsi fait son entrée officielle dans la recherche universitaire[126]. La conférence de 1995 constitue donc un tournant dans l'attitude des autorités chinoises à l'égard du cadre international des droits de l'homme et de la participation internationale des ONG. En autorisant le développement du féminisme et des ONG, les autorités réussissaient l'objectif tactique de rétablir la paix entre la Chine et la communauté internationale. De nombreuses organisations civiles de femmes ont été officiellement créées ou tolérées après 1995. Dans leurs actions concrètes, les activistes travaillent principalement avec les réseaux de la Fédération des femmes afin de promouvoir les droits des femmes et de lutter contre les discriminations envers les femmes.

En l'espace d'une décennie, les concepts de genre et d'égalité des sexes ont ainsi réussi à occuper une place importante dans la sphère publique et, en mai 2005, Pékin a organisé l'événement pour la deuxième fois. Le féminisme (女权/女性主义), revendiquant les droits des femmes selon des concepts importés de l'Occident et largement diffusés dans les milieux universitaires, avait émergé à côté de l'émancipation des femmes (妇女解放) promue par le discours officiel.

126. Wang Zheng, "The Development of Social Gender Research at Home and Abroad", *Chinese Feminism*, 2020.

La naissance du national-féminisme

Au fil du temps, les actions féministes se sont également diversifiées, passant du plaidoyer politique et du lobbying législatif à divers projets sur l'autonomisation économique, des transformations innovantes dans les médias et la culture à des mouvements transgenres développés de manière indépendante.

Le pluralisme féministe a conduit à la coexistence de différentes écoles de théorie féministe en Chine : féminisme socialiste, féminisme du tiers-monde, homo-féminisme (同女女权主义), national-féminisme (féminisme rouge-rose 粉红女权), etc. « Droits des femmes » se traduit en chinois 女权 (*nü quan*). Mais certains internautes que la cause exaspère remplacent le caractère « *quan* » (权), qui signifie « droits », par un homophone signifiant « poing » (拳), afin de caricaturer la radicalité des féministes.

Le national-féminisme est un courant qui se veut nationaliste avant d'être féministe, deux notions qui ressemblent aux cultes officiels qui pratiquent leurs religions sous le patronage du parti communiste. L'expression « féminisme rouge-rose » combine les deux notions, féminisme et nationalisme. Issu d'un groupe de discussion littéraire en ligne, le terme « petite rouge-rose » (小粉红) apparaît à la suite des élections indépendantistes de 2016 à Taïwan[127]. Il s'agit désormais d'une jeune génération de femmes qui sont nourries de culture populaire et utilisent l'Internet comme principal domaine

127. Kecheng Fang et Maria Repnikova, "Demystifying 'Little Pink': The Creation and Evolution of a Gendered Label for Nationalistic Activists in China", *New Media & Society*, 9 octobre 2017.

d'activité. Ce groupe se caractérise surtout par une appartenance à une classe moyenne très patriote et à tendance xénophobe, militant pour le pouvoir des femmes tout en affichant une loyauté parfaite à l'égard du Parti.

Lorsqu'il y a un conflit d'intérêts entre la politique nationale et le droit public envers les femmes, les nationales-féministes n'hésitent pas à orienter leur choix en faveur de l'intérêt de celle-là, mais elles se distinguent du féminisme socialiste étatique qui existe depuis 1950. La question de la compatibilité des actions favorisant une véritable égalité entre les sexes dans un cadre autoritaire ne se pose pas. Ce paradoxe n'est pas si différent de ceux qui revendiquent être libéraux et féministes en Occident.

Il est évident que les féministes de ce courant cherchent non seulement une reconnaissance sociale et publique, mais aussi officielle et politique afin de faire partie du courant dominant. Elles sont accusées d'être opportunistes, parce qu'elles s'emparent de l'attention portée au féminisme et spéculent sur des intérêts politiques afin de garantir la stabilité des ressources commerciales grâce à la fiabilité politique. Il n'est pas sûr que le national-féminisme soit compatible avec le féminisme dit « indépendant », parfois radical selon certaines, comme Lü Ping (吕频), féministe exilée aux États-Unis depuis 2015, se définit : issue de la société civile, incorruptible, non institutionnalisée, dotée de l'esprit critique et résistante.

À partir de 2010, les autorités commencent à s'efforcer de réduire l'activisme social, par différentes législations ou des procédures de harcèlement. Pourtant, ces organisations, collaborant étroitement avec le gouvernement, ne constituent pas encore un défi pour le régime, et la lutte pour les droits légaux des femmes au sein du système a toujours une légitimité. Mais les actions spontanées des organisations de femmes qui ont pour but de sensibiliser l'opinion publique et de plaider en faveur de changements dans certaines pratiques sociales et culturelles peuvent être vues par le pouvoir comme des menaces au maintien de la stabilité.

L'éducation et l'emploi en faveur des femmes

Selon le bulletin statistique officiel du site du ministère de l'Éducation, en 2019 il y avait 2,8 millions d'étudiants de troisième cycle au total, hommes et femmes en proportion équivalente. Il y avait 42 000 étudiants de doctorat au total, dont 25 000 étudiants et 17 000 étudiantes. Le nombre de doctoresses chinoises va bientôt égaler celui des docteurs. Dans les campus chinois, les étudiants plaisantent souvent en disant qu'il y a trois genres, masculin, féminin, et doctorantes.

À partir de 2009, le nombre d'étudiantes chinoises diplômées dépasse légèrement celui des étudiants masculins, avec un accroissement annuel constant. La même tendance se manifeste dans d'autres pays comme les États-Unis, le Royaume-Uni, la France ou bien la Corée du Sud.

Citer l'exemple de l'enseignement du troisième cycle a pour but de montrer que la parité est un fait dans le système éducatif. La politique de l'enfant unique contribue indirectement à l'augmentation du nombre de femmes dans l'enseignement supérieur. D'une part, lorsque la famille d'un enfant unique possède des revenus stables, même modestes, la ressource éducative qui lui est destinée est donc plus élevée que s'il y en a plusieurs ; d'autre part, la relation parents-enfant est modifiée pour les familles avec un seul enfant : accroissement des attentes des parents à l'égard de leur progéniture avec la possibilité de renforcer l'investissement éducatif, ce dont bénéficient particulièrement les filles. Un autre fait marquant est que la Chine a créé depuis les années 1980 des collèges et des universités pour femmes, et offre à toutes une chance d'accéder à l'enseignement supérieur, notamment pour les femmes issues des milieux ruraux[128].

Selon le Bureau national des statistiques américain, en 2021 le taux d'activité des Chinois âgés de 25 à 55 ans atteint 68,1 %[129]. Le taux d'activité des hommes atteint 90 % ; celui des femmes environ 70 %, ce qui le place au premier rang mondial, alors que celui des femmes aux États-Unis est d'environ 61,8 % au cours de la même période. De nombreux analystes attribuent le grand nombre de femmes chinoises entrant dans la population active et obtenant des opportunités d'emploi et des postes similaires à ceux des hommes à la politique de l'enfant unique mise en œuvre en Chine continentale depuis les années 1980.

En dépit du discours officiel sur l'égalité des sexes, il existe toujours une énorme disparité dans la participation

128. Liu Lingyu, Wenqin Shen et Li Chao, "The Rise of Women in STEM Higher Education in China: Achievements and Challenges", 2022.

129. CEICdata.com, *United States Labour Force Participation Rate*, 1er juin 2018, https://www.ceicdata.com/en/indicator/united-states/labour-force-participation-rate.

politique des hommes et des femmes. En 2016, les femmes ne représentent qu'un quart du nombre total des membres du Parti communiste chinois. De même, lors de la 13e session de l'Assemblée nationale populaire, qui s'est tenue en 2018, seuls 24,9 % des délégués étaient des femmes. Aucune femme n'a jamais siégé au Comité permanent du Bureau politique du Comité central du PCC. Au total, depuis 1949, il n'y a eu que six femmes membres du Politburo du Comité central du PCC[130], qui compte aujourd'hui 25 membres.

La femme travaille par obligation ou par choix

Depuis les réformes économiques lancées en 1978, le discours sur l'équilibre entre l'efficacité et l'équité est omniprésent. Mais en filigrane, l'idée de sacrifier l'équité pour les femmes afin d'atteindre l'efficacité sociale est souvent admise parmi les libéraux depuis 1990, sans que cela crée le moindre remous. Sun Liping, sociologue de la prestigieuse université Qinghua, admettait récemment maintenir sa théorie de 1994 sur la parité au travail, dans laquelle il préconisait qu'un des moyens le moins coûteux de résoudre le problème de l'emploi en Chine était de renvoyer chez elles les femmes qui occupaient les mêmes emplois que les hommes. L'égalité des sexes sur le marché du travail est donc toujours une variable selon la conjoncture économique du pays : il s'agit de mobiliser les femmes en faveur du travail lors de la pénurie de

130. Il s'agit de Jiang Qing, épouse de Mao ; Deng Yingchao, épouse de Zhou Enlai ; Ye Qun, épouse de Lin Biao ; deux représentantes des ouvrières, Wu Guixian et Hao Jianxiu ; une de l'armée, Chen Muhua.

main-d'œuvre et de les faire retourner au foyer dans le cas contraire. Entre autres, les débats nationaux sont constamment alimentés par la primauté de l'intérêt national et les questions de licenciement et de mise en retraite anticipée des femmes ou encore de la préférence pour la naissance d'un fils.

L'autre grand débat est de savoir s'il faut sacrifier sa carrière et sa liberté personnelle pour avoir un deuxième enfant. L'ouverture totale de la politique du troisième enfant depuis 2021 touche quelque 80 millions de femmes en âge de procréer dans tout le pays, dont la plupart sont nées dans les années 1990 et 2000, sous la politique de l'enfant unique. Les couples issus de cette génération unique doivent déjà faire face à la difficulté de s'occuper de leurs quatre parents respectifs, alors que leur enfant unique est déjà adolescent, voire majeur. Serait-il raisonnable d'entamer une maternité, synonyme de retour au foyer, pour les femmes déjà engagées dans une carrière brillante ?

Ceux qui ont vécu l'époque socialiste s'en souviennent comme d'une longue période où la politique publique prenait en charge une partie des soins aux enfants et des charges domestiques des fonctionnaires. Par exemple, la création des crèches et des cantines dans les entreprises et les institutions permettaient aux femmes de continuer à travailler après la naissance des enfants. Cette pratique, selon Wang Zheng, était non seulement égalitaire par l'idée que le travail reproductif (soins aux enfants et tâches ménagères) n'était pas le travail exclusif des femmes, et aussi avant-gardiste par la volonté étatique selon laquelle ce genre de travail reproductif précieux de la population devait être pris en charge par la société. Dès lors que l'État et la société reconnaissaient la valeur du travail reproductif, les femmes pouvaient participer de manière égalitaire à la production économique. À l'époque, l'appellation « femme au foyer » avait une connotation péjorative.

À partir des années 1980, le gouvernement privatise une grande partie des moyens de production du pays, ainsi que le travail reproductif. Lorsqu'il revient à la sphère domestique, la question du statut et du traitement des femmes dans les foyers conjugaux devient un sujet brûlant. D'une part, le statut de femme au foyer, intégrant l'image du modèle féminin traditionnel de la bonne fille, de l'épouse vertueuse et de la mère aimante, correspond à l'attente des femmes qui cherchent à s'embourgeoiser ; d'autre part, les femmes qualifiées aspirant à une indépendance financière ne souhaitent pas être enfermées dans les tâches ménagères[131].

Les femmes se sentent épanouies au travail

En mars 2022, Wisdom Associates publie un « Rapport d'enquête sur le lieu de travail des femmes en Chine ». Selon ses résultats, le salaire mensuel moyen des femmes est de 8 545 RMB (environ 1 200 euros), inférieur à celui des hommes, qui s'élève à 9 776 RMB (1 365 euros), soit une différence de 12 %. Cet écart diminue au fil des années. À titre comparatif, selon l'Insee, l'écart salarial homme-femme en France est de 22 % en 2019. Toutefois, par rapport

131. Harriet Evans, *Women and Sexuality in China: Dominant Discourses of Female Sexuality and Gender since 1949*, Polity Press, 1997.

à la même période de l'année dernière, les salaires des femmes ont augmenté de 5 %, soit une hausse légèrement supérieure à celle de 4,8 % des salaires des hommes sur le lieu de travail. L'augmentation plus rapide des salaires des femmes indique que la valeur des femmes sur le lieu de travail est de plus en plus reconnue et que l'écart de revenu entre les sexes devrait encore se réduire.

Les données montrent que 55,9 % des femmes salariées sont titulaires d'une licence ou d'un diplôme supérieur plus élevé que celui des hommes (33,6 %). Toutefois, le pourcentage de femmes occupant des postes de direction au niveau de la base est de 34,2 %, soit moins que les hommes (40,7 %). Cela revient à dire qu'il existe un plafond de verre pour les femmes diplômées.

61,2 % des femmes ont été interrogées sur les questions de mariage et de maternité dans le cadre d'un entretien de recherche d'emploi, un chiffre deux fois plus important que pour les hommes (32,3 %). Cela signifie que le mariage et les questions de genre constituent un obstacle pour l'évolution de la carrière des femmes. Concrètement, la question de la maternité s'oppose à l'épanouissement professionnel. 62,3 % des femmes disent qu'« avoir un enfant est un fardeau dont les femmes ne peuvent pas se débarrasser » et presque la moitié des enquêtées mariées choisiraient de se marier plus tard ou de ne pas se marier, chiffre toujours supérieur aux hommes (43,7 % *vs* 30,3 %). Ces données confirment que la tendance de non-mariage des femmes diplômées s'amplifie dans les grandes villes.

S'agissant des raisons qui pourraient expliquer le désir de nombreuses Chinoises de ne pas avoir d'enfants, les hommes et les femmes citent unanimement la pression de la charge financière (64,5 % des femmes et 67,9 % des hommes), qui est leur plus grande préoccupation, dépassant largement les autres facteurs[132]. 32,2 % des femmes ont également peur de perdre leur liberté et leur espace personnel, contre 26,8 % l'année précédente. Cela indique que la recherche de la liberté et de l'épanouissement personnel est de plus en plus importante pour les femmes.

Pour ce qui concerne l'équilibre entre la carrière et la famille, 59,2 % des femmes veulent concilier carrière et famille, tandis que 21,9 % veulent être une « femme à succès » dans le marché du travail. Il est évident que de plus en plus de femmes veulent réussir à la fois leur carrière et leur famille. Cependant, 65,7 % des femmes pensent que la société actuelle respecte davantage les femmes indépendantes financièrement, ce qui les place en tête, suivies par les femmes qui combinent carrière et famille, qui représentent 48,9 % des répondantes.

Les chiffres publiés par le Bureau national des statistiques 2021 montrent que le nombre de naissances en Chine baisse constamment depuis les quatre années de 2017 à 2020, l'indice synthétique de fécondité des femmes en âge

---

132. Beaucoup d'études montrent que le faible taux de fécondité est principalement lié au coût exorbitant de l'éducation et du logement. Selon le dicton chinois, le prix de l'immobilier est le meilleur contraceptif naturel.

de procréer s'établissant à 1,3 l'an dernier, en dessous de la moyenne internationale de 1,5.

Depuis la politique autorisant trois enfants par foyer, entrée en vigueur en 2021, certains gouvernements locaux ont étendu le congé de maternité de 128 à 190 jours et le congé de paternité de 7 à 30 jours. Mais le rallongement du congé ne résout pas le problème déficitaire de la natalité, au contraire, il revient à surcharger les entreprises. En effet, comme la maternité n'est pas prise en charge par le Fonds d'assurance de maternité, sauf dans quelques grandes villes, les indemnités journalières des congés reviennent naturellement aux employeurs, et sont indirectement répercutées sur les employées femmes. Le problème de la croissance démographique nationale est donc reporté sur les individus et les familles. En reléguant cette question du domaine public à la sphère privée, et compte tenu de l'existence d'une discrimination dans le recrutement, notamment dans le secteur privé, les femmes doivent faire face à une compétition de plus en plus féroce.

L'enquête montre que les femmes travaillent dur pour s'épanouir sur leur lieu de travail, tout en poursuivant leur propre quête d'épanouissement personnel. Cependant, beaucoup d'entreprises se disent prêtes à recruter des femmes mariées et en âge d'avoir des enfants, car elles considèrent que celles qui acceptent une responsabilité familiale pourront aussi bien sacrifier leur temps de loisir pour l'entreprise et accepter des tâches éreintantes et longues. Cette malléabilité et cette flexibilité montrent bien que plus la femme est identifiée par les normes sociales de genre, plus elle est soumise. Dès lors qu'elle subit des pressions de toutes parts, elle est susceptible d'accepter des conditions inégales et l'oppression.

Vers une désacralisation de la famille

En 2021, une enquête effectuée auprès de 2 500 personnes entre 25 et 30 ans montre une fois de plus une perte d'attractivité du mariage, notamment chez les femmes : moins d'un quart d'entre elles pensent y être aptes. Plus de la moitié (54,2 %) estiment que le mariage n'est pas une obligation, sans s'y opposer non plus. Une personne sur six pense que le système actuel du mariage est dépassé et ne permet pas de maintenir des relations intimes.

Au cours des dernières décennies, des changements sociaux considérables modifient profondément la perception de la vie familiale. La transformation de la structure politique et économique non seulement modifie les rapports familiaux, mais entraîne également des changements complets dans les modes de vie. Le discours politique s'empare à nouveau de l'importance de la famille dans le développement national, conséquence d'une longue période où tous les éléments romantiques de la famille sont éclipsés par les récits de réussite des individus, et où la cellule familiale est réduite à une fonctionnalité de reproduction impliquant la domination et le contrôle. Cela provoque une série de questionnements sur le genre qui produit des inégalités croissantes, et sur les relations intergénérationnelles, qui dessinent un ordre pyramidal inversé : quatre grands-parents reposent sur un couple qui dépendra de son enfant unique.

L'institution du mariage est vue comme un passage obligatoire et universel. L'injonction de familialisme, selon laquelle la valeur familiale est au-dessus de celle de l'individu, est un héritage confucéen. Il pose des difficultés dans une société ouverte adoptant des réformes économiques. Après une longue quête d'individualisme depuis la réforme, la société évolue vers un équilibre entre l'inspiration personnelle et le devoir familial. Qualifiés de « néo-familialisme », la valeur et le rôle de la famille s'invitent désormais dans le débat public. La population des grandes villes, parvenue à une certaine richesse matérielle mais fragilisée par les aléas de l'environnement, comme les crises alimentaires ou les scandales sanitaires, cherche un bonheur qui ne peut être atteint que par la recherche du bonheur individuel et la propriété familiale grâce à un effort collectif et intergénérationnel[133]. Autrement dit, l'importance croissante des relations familiales l'emporte sur les perceptions individuelles du bien-être[134]. La réduction de la taille de la famille due à la politique de l'enfant unique est un fait marquant. La société est en mesure d'accepter les mariages tardifs dans la trentaine et la quarantaine, de même que les familles divorcées ou séparées et recomposées. Les phénomènes comme la cohabitation sans

133. Yunxiang Yan, "Three Discourses on Neo-Familism", in *Chinese Families Upside Down Intergenerational Dynamics and Neo-Familism in the Early 21st Century*, Brill, 2021.

134. Interview de Yan Yunxiang accordée au *Xinjin Journal* en mai 2022.

mariage, le non-maritalisme et le couple sans enfant trouvent leur chemin, alors que la relation libre se développe. Loin d'être figée, la Chine est une société en pleine mutation, où il existe toujours une tension entre la gestion rationnelle des projets familiaux et l'intimité au sein de la famille, ainsi qu'une tension entre le bonheur familial et le bonheur personnel[135].

L'importance de la famille dans le discours officiel est redevenue évidente ces dernières années avec l'introduction d'une série de politiques nationales, la libéralisation complète du contrôle des naissances et la loi sur le mariage et le divorce[136]. Ces évolutions ont eu pour objectif de recentrer le rôle de la famille dans le narratif national. Avec ce concept cher à B. Anderson, le gouvernement cherche à développer le pays sous la doxa du nationalisme familial : chaque individu doit appartenir à une cellule familiale qui est l'unité de base de la nation. Par cette isomérisation, l'individu trouve son identité hiérarchisée, familiale, communautaire et nationale (小家,大家,国家). Ses droits et devoirs doivent être en concordance avec l'intérêt collectif. Cette idéologie du nationalisme familial prône l'effacement de l'individu au profit de l'intérêt collectif. Fonder une

135. *Ibid.*

136. Depuis le 1er janvier 2021, les couples chinois ne sont autorisés à demander un certificat de divorce qu'après une période de réflexion de trente jours. La nouvelle loi vise à réduire le taux de divorces, en hausse dans le pays. En 2003, les lois chinoises sur le divorce ont été assouplies, permettant aux couples de divorcer sans passer par la procédure judiciaire. Depuis lors, le taux de divorce n'a cessé d'augmenter. Selon le ministère des Affaires civiles, 4,5 millions de divorces ont été enregistrés en 2018 ; en 2019, le chiffre n'a que légèrement baissé, pour atteindre 4,15 millions.

famille et participer à la procréation est la seule manière d'être citoyen. Le mariage et la parentalité ne sont pas seulement un projet personnel, mais aussi national.

La guerre des Rose virtuelle

Les Chinoises pensent en général que le mariage est de plus en plus un partenariat et un contrat social. Les jeunes se marient pour le « partage des intérêts », non pas pour le « partage des affinités »[137]. Il faut dire que les femmes actives subissent plus que les hommes une pression pour se marier de la part de leurs parents, et que, à même niveau de compétence, elles se sentent souvent méprisées par leurs homologues masculins.

Yang Li (杨笠), une jeune comédienne de 29 ans, est récemment devenue involontairement le porte-étendard du conflit entre les hommes et les femmes. Lorsqu'elle participe au concours de stand-up Rock & Roast (脱口秀大会), diffusé en ligne en 2020, elle tente un trait d'humour critique : « Pourquoi les hommes semblent-ils si ordinaires, mais se montrent si sûrs d'eux ? » Cette phrase provoque une série d'attaques sans précédent de la part des internautes masculins. Elle subit un harcèlement en ligne et certains l'accusent de diffuser des paroles haineuses envers les hommes, d'inciter à l'antagonisme entre les sexes, et de menacer la stabilité de la société actuelle. En mars 2021, le bureau chinois du géant mondial de semi-conducteurs Intel interrompt sa campagne

137. Zygmunt Bauman, *L'Amour liquide. De la fragilité de liens entre les hommes*, Pluriel, 2010.

publicitaire avec elle. En octobre de la même époque, la marque Mercedes-Benz est la cible de critiques après avoir diffusé un clip avec la jeune femme.

Sans se proclamer féministe, avec seulement de l'ironie et de l'autodérision, Yang Li défie les limites des hommes (selon ses propres mots) et aussi celles de la société en général en disant tout haut ce que les femmes pensent tout bas. Elle se parodie en mettant en scène la difficulté à sortir avec un garçon (谈恋爱), le processus obligatoire avant de se marier, la pression pesante du mariage sur les femmes après 27 ans, et la victimisation des femmes dans la relation hétérosexuelle. Proche de 30 ans, elle fera bientôt partie de la catégorie des vieilles filles (剩女) – les « filles à date périmée ». L'expression « vieille fille » est entrée dans le vocabulaire officiel depuis que le ministère de l'Éducation l'a incluse dans sa liste de 171 nouveaux mots chinois dans son « Rapport sur la vie linguistique en Chine (2006) ». C'étaient originellement des femmes nées dans les années 1970, qu'on appelait également les « filles 3S » – *Single, Seventies, Stuck* (« célibataire, née dans les années 1970, bloquée »).

En provoquant une telle polémique, Yang Li fait monter les flux de connexions de plusieurs millions de vues et crée un débat public. Au début, les annonceurs de l'émission se frottent les mains. Pendant ces deux années, son ascension est une réussite pour le marketing. Mais dès que ses badinages enflamment les réseaux sociaux, la censure intervient discrètement en supprimant les blogs et les groupes de discussion où elle apparaît, son passage à l'écran diminue, et enfin le sujet sur le rapport entre les deux sexes n'est plus polémique.

À l'instar du phénomène de désintérêt pour le mariage, la dualité entre les deux sexes, même virtuelle, est un sujet sensible, parce qu'il chamboule l'ordre établi et fragilise la construction familiale. De ce fait, maintenir les rapports sociaux de genre tels qu'ils sont aujourd'hui est une condition préalable pour construire une société harmonieuse.

Dans les sociétés rurales, le mariage reste pourtant le moyen pour les femmes d'être incluses dans l'ordre social. Issues de familles paysannes, dans les zones rurales où la pauvreté s'ajoute à l'absence d'éducation, les jeunes filles se voient inculquer l'acceptation de quitter leur famille pour se marier à un homme inconnu moyennant une somme d'argent dérisoire. Qu'il soit forcé ou accepté, cet arrangement répond à la pénurie de femmes dans un pays ravagé par la politique de l'enfant unique pendant trente ans[138].

La femme enchaînée de Xuzhou

Dans une vidéo diffusée le 27 janvier 2022 et reprise sur les réseaux sociaux chinois, on voit une femme enchaînée au mur d'un hangar et grelottant dans le froid. Le destin de cette femme d'une quarantaine d'années, mère de huit enfants âgés de 2 à 23 ans, vendue à 13 ans à la famille Dong, paysans des faubourgs de Xuzhou, dans le Jiangsu, province côtière du Sud-Est, bouleverse les internautes

138. Tania Angeloff, « Le féminisme en République populaire de Chine: entre ruptures et continuités », *Revue Tiers Monde*, vol. 209, n° 1, 2012, p. 89-106. 冯媛《山西师大学报（社会科学版）》2020年第5 期; https://mp.weixin.qq.com/s/t97p7tIg21b2ZMA9rQ00zA.

chinois[139]. Édentée et apeurée, la femme prononce timidement quelques phrases à peine audibles : « Je vis comme une pute ; ils sont tous des violeurs dans cette maison ; ce monde ne veut plus de moi. » À défaut de savoir son identité, les internautes la nomment « la femme enchaînée » (铁链女). Une histoire presque banale dans un pays où la traite d'êtres humains est un phénomène courant. Mais l'affaire éclate pendant les jeux Olympiques d'hiver à Pékin, début février 2022. À l'ère numérique, les commentaires et les voix discordantes affluent sur les réseaux. Ce fait divers devient très vite une affaire d'État et oblige les autorités locales à réagir. Dorénavant, elle est devenue le symbole de la femme opprimée du XXIe siècle.

Les enquêtes de la police locale, des journalistes et des internautes se croisent et se contredisent. Qui est cette femme ? Comment a-t-elle été vendue ? Comment a-t-elle pu faire huit enfants ? Est-il vrai qu'elle est folle, comme le prétend la famille, ce qui expliquerait pourquoi elle a été enchaînée ? Pour éviter de s'enfuir ? Il n'est pas sûr que toutes ces questions soient élucidées avec certitude à l'heure où nous écrivons ces lignes. Mais les commentaires et les revendications sur les réseaux sont très vite supprimés et le résultat de l'enquête des autorités locales qui révèle les identités et le parcours du trafic boucle l'affaire. Il est désormais difficile de trouver un expert ou un chercheur chinois pour commenter cette affaire qui ternit l'image de la Chine, car

---

139. Pierre-Antoine Donnet, « Chine : en plein JO, le scandale de la "femme enchaînée" embarrasse le régime », Asialyst, 19 février 2022.

il contredit le discours du Premier ministre Li Keqiang, qui avait annoncé en 2020 l'éradication de la pauvreté.

Selon un rapport publié le 30 janvier 2022 par les autorités de Xuzhou, depuis 1986, 48 100 femmes ont été identifiées comme ayant été enlevées dans les six comtés de Xuzhou, où on compte le plus grand nombre de femmes enlevées et vendues du pays. Les gangs y travaillent ouvertement, même avec la participation des cadres locaux et de la police. Cela laisse entendre qu'il est impossible de préciser le nombre des femmes vendues dans l'ensemble du pays.

Peu de médias officiels s'expriment sur l'affaire, ou bien la mentionnent rapidement dans la rubrique des faits divers. Les bénévoles féministes sont empêchées par la police de se rapprocher de la famille Dong, sous prétexte de restrictions sanitaires liées au Covid-19. Le village est entouré de murs. Les internautes ne peuvent que se contenter des publications sommaires des enquêtes des autorités locales. Voici encore un exemple qui montre que les discussions sur le sujet de la pauvreté, comme celles sur le traitement des ouvriers, restent prohibées par le pouvoir.

Quarante-cinq militants des droits de l'homme de différents pays ont signé une lettre adressée à la directrice générale de l'UNESCO, Audrey Azoulay, le 25 février 2022, dans laquelle ils affirment que la première dame chinoise, Peng Liyuan, n'a pas ouvertement exprimé la moindre préoccupation concernant des violations des droits de l'homme à l'encontre des femmes et des filles. Ces militants demandent que l'organisation révoque le titre d'« envoyée spéciale pour la promotion de l'éducation des filles et des femmes » qu'elle lui avait attribué en mars 2014.

Dès les années 1990, la Chine connaît un problème démographique très grave dû aux avortements sélectifs en fonction du sexe qui se traduit par un ratio de 117 garçons pour 100 filles jusqu'à 2050. Le rapport de masculinité à la naissance est encore plus disproportionné dans les zones rurales. Le recensement chinois de 2010 a montré que dans la province de l'Anhui, par exemple, il y avait moins de 80 bébés de sexe féminin pour 100 naissances de sexe masculin.

Selon les données du ministère des Affaires civiles, la population adulte célibataire en Chine atteignait 240 millions en 2018, avec plus de 77 millions d'adultes vivant seuls, et ce nombre approchait les 100 millions en 2021. Ce grand nombre d'hommes non mariés (光棍), ou « branche nue » en français, aura un impact négatif sur la croissance démographique et représente même une question sécuritaire nationale et internationale[140]. Ces populations se trouvent principalement dans les secteurs industriels et agricoles et sont densément représentées parmi la population ayant reçu une éducation primaire et semi-illettrée.

Le trafic des femmes est un commerce dont l'objectif officiel est d'atténuer la pénurie de femmes disponibles sur le marché matrimonial, notamment dans les zones rurales, et de résoudre efficacement l'incapacité des familles pauvres à assumer le coût énorme du mariage. Plusieurs

140. Valerie M. Hudson et Andrea den Boer, *Bare Branches: The Security Implications of Asia's Surplus Male Population*, MIT Press, 2004.

caractéristiques de la traite des mineures et des femmes en Chine ont été démontrées : la première est que la vente conclue entre les parties concerne des femmes victimes de mariage forcé, ou des femmes consentantes pour mariage arrangé ; la deuxième est que si le phénomène se concentre essentiellement dans les zones rurales éloignées et les régions montagneuses, où l'économie est extrêmement appauvrie, le trafic a une tendance à se déplacer des provinces du Sud-Ouest vers les provinces de l'Est et du Nord-Est. Il relève donc principalement d'une organisation transrégionale. Enfin, la traite est considérée comme une coutume ou une tradition héritée d'une longue histoire.

Cette pratique, comme les autres formes de traite, est basée sur l'existence de victimes faibles et passives d'une part, et de criminels brutaux et immoraux de l'autre, femmes victimes et hommes contrevenants[141]. Cependant, le développement économique de la Chine attire les jeunes femmes pauvres des pays limitrophes, qui traversent la frontière et épousent un paysan chinois. Human Rights Watch dénonce la non-ingérence du gouvernement chinois face à ce fléau, d'autant que tous les pays concernés ont des relations compliquées et de profonds déséquilibres de pouvoir avec la Chine[142].

Les internautes découvrent qu'en 2014 les membres d'une branche locale du comté de Feng de la Fédération

141. Magaly Rodríguez García, « La Société des Nations face à la traite des femmes et au travail sexuel à l'échelle mondiale », *Le Mouvement social*, 2012.

142. Heather Barr, "China's Bride Trafficking Problem", *The Diplomat*, 31 octobre 2019.

des femmes chinoises organisent un séminaire intitulé « La culture traditionnelle asservie au bien commun ». S'appuyant sur différentes conférences, les participantes s'approprient les bienfaits de respecter les vertus des femmes afin de cultiver une haute moralité. Plus de 200 femmes cadres, éducatrices et bénévoles participent au séminaire. Selon le rapport public de 2000, il existe une disproportion du ratio homme/femme du comté de Feng de 169/100, ce qui signifie que l'infanticide des filles atteint plus de 40 %. Il apparaît ici une contradiction entre la promotion des images de femmes indépendantes et respectueuses décrites sur les statuts de la fédération[143] et la réalité des faits. Ce scandale provoque une condamnation unanime au sein de la population.

Les jeunes ouvrières migrantes et le système d'oppression multiple

Les jeunes ouvrières migrantes sont nommées *dagongmei* (打工妹). Elles font partie des *mingong* (民工, paysans-travailleurs), souvent jeunes et célibataires, entre 18 et 25 ans. Le fait de pouvoir quitter leur famille d'origine ainsi que leur pays natal et de travailler comme ouvrière n'engendre pas une mobilité sociale automatique, car leur *hukou* (户口, enregistrement de l'état civil) reste inchangé. De ce fait, elles sont dépourvues des « droits fondamentaux de s'installer dans les villes, de fonder une famille, de bénéficier d'une véritable formation, de soins médicaux et

143. Il est écrit dans leurs statuts : « La femme doit avoir estime de soi, amour de soi, amélioration de soi, confiance en soi. » (自尊,自爱,自强，自立).

d'autres prestations sociales auxquelles les résidents urbains ont droit[144] ». Le parcours d'une ouvrière migrante est segmenté en différents lieux de travail où elle ne reste pas plus de quatre à cinq ans en tout, puis elle retourne au pays natal pour se marier avant ses 30 ans et y commencer une nouvelle vie d'épouse et de mère. Pour la plupart d'entre elles, les expériences et les vécus d'ouvrière dans une mégapole côtière pendant leur jeunesse ne changent pas leur destin de paysanne. L'émancipation par le travail – discours cher au parti communiste – non seulement ne permet pas à ces milliers de jeunes ouvrières migrantes qui ont contribué au développement de la Chine de trouver une vie meilleure, mais elles sont en plus victimes d'un système d'oppression multiple dans un pays post-socialiste.

Passer avec une fréquence rapide d'un travail à l'autre, autrement dit d'une entreprise à l'autre, signifie qu'il y a discontinuité entre les expériences dans des emplois très différents : il y a mobilité professionnelle, mais pas forcément mobilité verticale. En effet, une courte présence obligée dans un emploi, formel ou informel, ne laisse pas le temps à une femme de trouver sa place et de capitaliser de nouvelles ressources sociales et symboliques : elle sera alors souvent contrainte à une mobilité horizontale faite d'une série d'expériences « invisibles » mais continues[145].

---

144. Pun Ngai, *Made in China. Vivre avec les ouvrières chinoises*, La Tour d'Aigues, Éditions de l'Aube, 2012.

145. Isabelle Attané, « 1. Toujours moins de femmes en Chine ? L'impact démographique et social des discriminations sexuées », in Marylène Lieber et Tania Angeloff, *op. cit.*, p. 25-42.

Bien que la notion de lutte des classes ait reculé dans l'analyse discursive en même temps qu'elle disparaissait de l'idéologie officielle dominante depuis la réforme et l'ouverture, cela ne signifie pas que l'analyse des classes soit devenue obsolète lorsqu'il s'agit d'accompagner l'évolution de la Chine vers la modernité. L'idéologie de la lutte des classes, en niant la différence entre les sexes, inventée par le Parti communiste chinois dès 1949 afin de mobiliser la population contre un ennemi imminent mais invisible et d'asseoir sa légitimité, est éludée après le règne de Mao. Mais l'ouverture économique promue par Deng Xiaoping, permettant à une petite partie de l'élite, dont la plupart sont des hommes, d'accéder à la richesse et de devenir les nouveaux capitalistes modernes, met constamment et inlassablement en avant le corps de la femme comme objet de consommation[146], et considère que les femmes sont des prescriptrices incontournables. Aussi forme-t-elle une nouvelle hiérarchie de classe sociale réelle et omnipotente. En fait, ces jeunes ouvrières subissent « la triple oppression spécifique imposée par le capitalisme mondialisé, le socialisme d'État et la famille patriarcale qui fonctionnent main dans la main pour produire des formes particulières d'exploitation de la main-d'œuvre selon des divisions de classe, de genre et de disparité entre urbains et ruraux ».

Vues de l'extérieur, ces jeunes ouvrières migrantes sont victimes d'une discrimination structurelle et sociale. Loin

146. Elisabeth Croll, *China's New Consumers: Social Development and Domestic Demand*, Routledge, 2006.

d'être homogène, ce grand nombre d'ouvrières issues d'un phénomène d'exode rural sans précédent, représentant 27,3 % de la population féminine totale et 41,5 % du nombre total de personnes travaillant dans l'industrie manufacturière, selon des statistiques publiées en 2012, est considéré par le capitalisme moderne à la fois comme une force de production et comme des consommatrices potentielles. Elles sont malléables et flexibles. N'étant jamais informées sur l'organisation collective ou syndicale, qui est d'ailleurs vigoureusement réprimée par le gouvernement, à part quelques manifestations et grèves sporadiques dans les différents lieux de production, la plupart des ouvrières migrantes partagent leur temps entre l'usine, la consommation et les séries coréennes et chinoises.

Il y a des exceptions, comme Zhou Qunfei (周群飞), née en 1970 dans un village de la ville-district de Xiangxiang, dans la province du Hunan, arrivée à Shenzhen à l'âge de 19 ans, qui trouve son premier emploi dans une entreprise de fabrication de verres de montre. Curieuse et autodidacte, elle fréquente les cours de comptabilité du soir à l'université de Shenzhen, juste à côté de son lieu de travail, dans la banlieue. Elle se forme à la sérigraphie et crée sa propre entreprise en 1993 à Shenzhen. Transformée en 2003 en Lens Technology Co., Ltd., passée de huit personnes, toutes membres de la famille au départ, à 15 000 employés aujourd'hui, spécialisée dans le développement, la fabrication et la commercialisation d'écrans tactiles pour des téléphones mobiles, des ordinateurs, des tablettes et des appareils photo, cotée en Bourse de Hong Kong, l'entreprise réalise 78 % de son chiffre d'affaires à l'étranger. Zhou

Qunfei est sur la liste des milliardaires de Hurun Global Self-Made Women. En 2008, elle se marie en secondes noces avec son chauffeur privé. L'affaire défraie la chronique.

Dans une étude de terrain sur les ouvrières migrantes à Shenzhen (sud du pays), les chercheurs observent et analysent leurs comportements à travers le prisme de la notion d'*agency* pour nous montrer des exemples concrets et divers. « Capacité d'agir » en français, la notion d'*agency*, fréquemment utilisée dans les études de genre, est récemment mobilisée par les chercheurs dans le cas d'études sur les ouvrières migrantes chinoises. Elle désigne une capacité de se projeter dans un futur comme une solution possible, tout en contextualisant les habitudes passées et les projets futurs dans les contingences du moment. Dans le cas précis de Zhou Qunfei, comme dans les autres cas de ce texte, les femmes chinoises actuelles, sociologiquement appelées « sujets génératifs », disposent de créativité, d'imagination et d'autonomie, et sont capables de les utiliser pour réfléchir aux inégalités entre les sexes et s'engager dans des pratiques visant à les changer[147].

Les travailleuses domestiques au bonheur de la famille

Les bifurcations biographiques peuvent produire des parcours de déclassement social, comme c'est le cas de chômeuses qui deviennent des employées domestiques, ou bien de mobilité sociale ascendante, comme de jeunes paysannes qui arrivent en ville comme femmes de ménage.

147. Lois McNay, *Gender and Agency: Reconfiguring the Subject in Feminist and Social Theory*, Cambridge Polity Press, 2000.

En Chine, le taux d'emploi féminin dépasse largement celui des pays industrialisés, grâce au recours généralisé aux travailleuses domestiques. On les appelle « nourrices » (保姆) pour celles qui s'occupent d'enfants en bas âge, et « assistantes domestiques » (阿姨) pour celles qui font le ménage ou s'occupent des personnes âgées. À l'instar de Hong Kong et Singapour, les couples de la classe moyenne chinoise font appel à une main-d'œuvre peu qualifiée et peu coûteuse pour effectuer le travail reproductif. Une partie issue des ouvrières licenciées à cause de la privatisation des entreprises publiques et une autre partie issue des zones rurales deviennent des ouvrières migrantes de plus de 30 ans qui se reconvertissent dans les métiers domestiques. Selon les données du ministère du Commerce publiées en 2021, le nombre de travailleurs domestiques en Chine atteint 30 millions, dont environ 90 % proviennent des zones rurales. Avec l'élévation du niveau de vie de la population, le vieillissement croissant et la mise en œuvre de la politique de natalité à trois enfants, l'ampleur du marché intérieur continue de croître. On estime une pénurie d'environ 20 millions de personnes dans ce secteur.

La disponibilité et le prix peu élevé des travailleuses domestiques proposées par le marché du travail permettent aux femmes urbaines de continuer à s'investir dans leur profession tout en préservant le bon fonctionnement du domicile. Cet équilibre de l'offre et de la demande convient pour l'instant à tout le monde, et le gouvernement encourage le développement de ce marché sans pour autant instaurer un encadrement de salaire ou une protection sociale.

Contrairement aux ouvrières, les travailleuses domestiques restent souvent longtemps chez la même famille, si bien que la relation famille-employeur et travailleuse-salariée s'installe et perdure à l'intérieur du foyer, où les conflits et les mécontentements sont traités selon le bon vouloir de la famille-employeur. Alors qu'elle reste en bas d'échelle, qu'elle a peu de reconnaissance, peu de possibilités et peu de ressource de revendication, lorsque le recours à une salariée à domicile devient un signe d'embourgeoisement, et que ce phénomène se répand à l'échelle nationale, le renforcement du processus de stratification sociale est inévitable[148].

L'émergence de la voix des féministes

De 2012 à 2018, les actions des féministes sont particulièrement créatives et audacieuses. Leur objectif est d'attirer l'attention du public sur des questions telles que la lutte contre la violence domestique et les agressions sexuelles dans les rues. Ou bien tout simplement l'occupation de toilettes pour hommes pour dénoncer un déséquilibre d'équipement dans l'espace public. Ces jeunes femmes, entre 19 et 30 ans, issues de milieux divers, ont changé l'aspect mortifère et terne du mouvement des féministes étatiques.

En février 2012, trois étudiantes vêtues de robes de mariée ensanglantées marchent le jour de la Saint-Valentin dans les rues de Pékin pour dénoncer les violences

148. Isabelle Attané, « 1. Toujours moins de femmes en Chine ? L'impact démographique et social des discriminations sexuées », in Marylène Lieber et Tania Angeloff, *op. cit.*, p. 25-42.

conjugales qui touchent une femme sur quatre en Chine, selon les statistiques officielles. En août 2012, quatre lycéennes de la ville de Guangzhou se rasent les cheveux pour protester contre la décision des universités chinoises de demander aux filles de meilleurs résultats que les garçons pour s'intégrer à de hautes fonctions. En mars 2015, au nom du trouble à l'ordre public, cinq féministes sont arrêtées chez elles la veille de leur campagne contre le harcèlement sexuel dans les transports publics, et emprisonnées pendant plus de trente-sept jours. Elles sont accusées d'avoir comploté avec « les forces hostiles de l'Occident », expression faisant son apparition en 2012 dans un discours publié du président Hu Jintao[149]. Les chercheurs et les féministes se montrent stupéfaits et rappellent que, historiquement, la lutte des droits des femmes en Chine débute à la suite de la 4e Conférence mondiale sur les femmes, en 1995, à Pékin. Le soupçon de coalition avec les « forces hostiles de l'Occident » s'inscrit dans la tradition historique chinoise d'accusation idéologique, et constitue un crime contre la nation dans la loi sur la sécurité nationale depuis juillet 2015 en Chine, appliquée à partir de 2020 à Hong Kong aussi. Il est évident que cette incrimination à caractère politique n'est pas différente de celle de la « lutte des classes » de la Révolution culturelle de l'époque de Mao.

En 2018, le site internet du groupe « Voix féministes » (女权之声) est fermé par les autorités. Ce cyberactivisme

---

149. François Bougon, « Pékin dénonce les "forces hostiles" de l'Occident qui menacent sa culture », *Le Monde*, 5 janvier 2012.

en ligne[150] opéré par un groupe de femmes était considéré comme le plus important du mouvement féministe. Fondée en 2009 par l'activiste Lü Ping, cette organisation avait développé un partenariat avec de jeunes activistes féministes à travers la Chine, en leur fournissant un soutien pour la mise en réseau, la formation et l'analyse du discours féministe. Lors de la soirée de gala du Nouvel An chinois de 2015 diffusée sur la chaîne publique et nationale CCTV, ce groupe d'activistes avait lancé un appel au boycott en ligne après avoir décelé plusieurs dizaines de contenus à caractéristique discriminatoire envers les femmes et les personnes handicapées. Leur mouvement avait obtenu plus de 200 000 soutiens de la part des internautes.

Le mouvement #MeToo en Chine

En janvier 2018, l'ancienne étudiante de l'université Beihang de Pékin, qui vit désormais aux États-Unis, Luo Xixi, raconte son histoire sur la version chinoise de Twitter, Weibo. Son récit est devenu viral et a été considéré comme le premier moment #MeToo largement partagé en Chine[151]. Dans son message, elle raconte que le professeur Chen Xiaowu a essayé de la violer il y a treize ans, après l'avoir attirée dans la maison de sa sœur. L'université Beihang de Pékin déclare qu'une enquête a établi le fait et que le professeur Chen Xiaowu a été licencié de la faculté.

150. Martha McCaughey et Michael Ayers, *Cyberactivism*, Routledge, 2003.

151. "China Professor Accused in #MeToo Campaign is Sacked", BBC, 12 janvier 2018.

Son récit lance le mouvement #MeToo en Chine. Par la suite, au moins trente célébrités masculines ont vu leur nom cité sur la Toile en l'espace de huit mois. Tous sont accusés de harcèlement ou d'agressions sexuelles au sein des campus ou dans le cadre de l'enseignement supérieur. Il faut noter que « le mouvement #MeToo chinois a été lancé par de jeunes femmes chinoises qui ont été éduquées à l'étranger et y sont restées. Il est très difficile pour une femme qui se trouve géographiquement en Chine et qui n'a jamais quitté le pays de se manifester et de raconter son histoire d'intimidation, de harcèlement et de privautés, car elle ne dispose pas du pouvoir politique et de l'atmosphère culturelle nécessaires », selon Shen Rui, professeure au Morehouse College.

Le 2 novembre dernier, la star chinoise du tennis Peng Shuai a révélé publiquement sur son compte Weibo que Zhang Gaoli avait entretenu une liaison et une relation incestueuse avec elle pendant plus de dix ans et jusqu'en 2014[152]. Les allégations de Peng Shuai ont provoqué un tollé international, et Zhang Gaoli, le numéro 7 du gouvernement au moment des faits, est le premier et le seul haut dirigeant du Parti communiste chinois à avoir été exposé publiquement dans un scandale sexuel, ce qui a mis les autorités chinoises dans l'embarras, et entraîné l'intervention de la censure. L'affaire est propagée à l'étranger grâce à la capture d'écran, puisque son long texte a été supprimé vingt

152. « Peng Shuai assure dans une interview à *L'Équipe* n'avoir jamais disparu », *Le Monde* avec AFP, 7 février 2022.

minutes après sa publication, mais les internautes protégés par le pare-feu Grand Firewall ne sont au courant de rien. La « disparition » pendant trois semaines de l'ancienne championne de double féminin chinoise a provoqué une inquiétude de la communauté internationale du tennis. Mais sa réapparition souriante et éphémère sur l'écran nous indique que tout est effacé et que la page est tournée.

« #MeToo in China Archives » est publié en mai 2020. Ce recueil de 2 600 pages regroupe les premiers témoignages dénonçant les harcèlements et les violences sexuelles subis au sein des universités, des associations caritatives et des médias à partir de janvier 2018 jusqu'en juillet 2019. La quasi-totalité des articles et témoignages écrits et publiés dans ce recueil sont censurés ou supprimés depuis. Devant la minimisation de responsabilité de la part des directions universitaires, les étudiantes font circuler les informations par les réseaux, ou affichent des slogans sur les murs, comme « Je veux un orgasme, pas du harcèlement sexuel » (我要性高潮，不要性骚扰), « Même si j'ai le droit d'être sexy, tu as le choix de ne pas me harceler » (我可以骚，你可以不扰).

Je ne suis pas une victime parfaite[153]

L'image de la femme chinoise est omniprésente dans les publicités, que ce soit dans les rues, les centres commerciaux

153. Les victimes des agressions reçoivent souvent les critiques des internautes, qui leur reprochent de ne pas avoir la capacité de résister ou de fuir au moment de l'agression : elles devraient donc avoir une part de responsabilité. Les féministes lancent ce hashtag #我不是完美的受害者 pour répondre à ce genre d'attaque sans vergogne.

ou les vitrines, où elle apparaît belle et confiante : visage parfait, yeux souriants, lèvres rouges, cheveux lisses et brillants. Pour être l'égérie des grandes marques, elle se montre conquérante et heureuse. La femme est à la fois un objet de désir et une cible de marketing.

Après une longue période de désexualisation, la quête de la féminité et de la beauté fait partie du processus de l'éveil des femmes. Et, paradoxalement, le corps des femmes demeure un objet de violence. Selon une enquête menée par la Fédération nationale des femmes et le Bureau national des statistiques, 24,7 % des femmes mariées dans 270 millions de ménages à l'échelle nationale subissent des violences domestiques de la part de leur conjoint. Au terme de vingt années de travail, la première loi sur la violence conjugale a été promulguée en mars 2016, mais seules les violences physiques et mentales ont été considérées comme un délit, non la violence sexuelle ni le contrôle des ressources. Cette lacune montre bien que la violence sexuelle reste un tabou, camouflé par la violence physique.

En 2021, le taux de divorces en Chine est de 40 %, dont 70 % à l'initiative de la femme. À partir de janvier 2021, le gouvernement oblige les candidats au divorce à une réflexion de trente jours avant que la requête ne soit enregistrée. Selon les jugements collectés par Ethan Michelson entre 2009 et 2016[154], un quart des requêtes de divorce ont été formulées

154. Ethan Michelson, *Decoupling, Gender Injustice in China's Divorce Courts*, Cambridge University Press, 2022. En utilisant des techniques informatiques de big data pour examiner les affaires couvrant la période 2009-2016 dans les 252 tribunaux de base de deux provinces chinoises, le Henan et le Zhejiang, Michelson analyse

par des femmes victimes de violences à domicile, mais seulement 40 % des requêtes de divorce ont été accordées par le juge en 2015, contrairement à 70 % en 2009. Selon lui, les juges sont insensibles aux descriptions de violence faites par les victimes, même avec documents médicaux. Ce déni fait que très peu de demandes sont accordées au premier procès, qu'il faut donc repasser au tribunal six mois après, et ainsi de suite, parfois jusqu'au cinquième ou sixième procès. L'auteur dénonce une répression institutionnelle du divorce en amont et son bilan humain dévastateur et hautement sexué en aval, dans le seul but de préserver la doctrine du nationalisme familial, tout en violant ses propres lois sur la protection du divorce et la promotion de l'égalité femme-homme.

L'affaire de la ville de Tangshan[155] nous montre que l'agression verbale et physique envers les femmes n'est que le symptôme de l'enracinement du sexisme de la société chinoise. Lorsqu'une fille refuse une provocation vulgaire d'un inconnu dans un restaurant un soir au mois de juin, elle se voit tabasser violemment dans la rue par une bande d'excités sous les regards indifférents des passants. Les autorités publiques se vantent de l'arrestation éclair des auteurs présumés, l'opinion publique s'indigne à l'unanimité de la violence et des troubles pour la paix sociale, si chère à

---

près de 150 000 procès de divorce et révèle des violations courantes et flagrantes des propres lois chinoises qui défendent la liberté de divorce, l'égalité des sexes et la protection de la sécurité physique des femmes.

155. Thaïs Chaigne, « Chine : une vidéo de passage à tabac relance le débat sur les violences faites aux femmes », France 24, 15 juin 2022.

la population. Mais rares sont ceux et celles qui pointent le doigt sur la racine du mal : le sexisme banalisé.

Qu'elles soient victimes de violences physiques ou d'agressions sexuelles, toutes celles qui dénoncent avec courage les auteurs de ces faits reçoivent systématiquement en retour des attaques d'internautes. Afin de camoufler la gravité des sévices subis et d'atténuer les responsabilités des auteurs, les institutions, comme le tribunal ou l'université, demeurent frileuses et répugnent à prendre les sanctions adéquates aux faits avérés, si bien que les procédures administratives et judiciaires sont extrêmement longues et sinueuses. Les discussions se voient amoindries au fur et à mesure que le contrôle resserre l'étau.

L'affaire de « la femme enchaînée » marque une conscientisation collective, notamment chez les féministes, qui ne s'intéressaient traditionnellement qu'aux personnes et aux événements qui les entouraient, sans se soucier de la campagne lointaine et des paysannes. L'activisme féministe n'est cependant toléré que lorsqu'il s'occupe de la lutte pour l'égalité des droits des femmes, et non lorsqu'il critique les structures politiques dominées par les hommes, les idéologies opérationnelles et les systèmes économiques. Avec l'autocensure des activistes qui se généralise, comment continuer à élever la voix contre les inégalités dans un espace de discussion réduit ? Y a-t-il un avenir au féminisme en Chine si on ne peut pas remettre en question les conditions de travail des groupes de femmes vulnérables et marginalisées, notamment les ouvrières migrantes et les employées à domicile ? Certains des phénomènes inquiétants de la société chinoise d'aujourd'hui, notamment les enfants abandonnés et les personnes âgées seules dans les zones rurales, l'absence de désir de la procréation et de fonder une famille, la garde de l'enfant qui souvent revient aux grands-parents, sont tous des manifestations de la lourde charge imposée aux familles en l'absence de service public.

Atteindre l'égalité salariale et la parité sectorielle sont bien entendu des objectifs à poursuivre, qui exigent un effort conjoint du pouvoir politique et de la société civile. Renforcer des liens familiaux au service d'un développement économique dominé par les grands capitaux, tout en ignorant les questions inégalitaires de genre, revient à se voiler la face. La fin de la politique de l'enfant unique n'a pas seulement trait à résoudre le problème démographique, mais a aussi pour but de renforcer les liens familiaux. La famille, où se constituent l'environnement indispensable au bien-être de l'individu et le lieu générateur de la cellule de base de la nation, occupe plus que jamais un rôle prépondérant dans le maintien de la stabilité sociale.

L'objectif de l'égalité de genre ne devrait pas se fondre dans un projet d'homogénéisation de la population, mais au contraire dans une quête d'un traitement individualisé – le droit d'être différencié – qui devrait être une aspiration et un objectif pour chaque citoyen, même en Chine.

« ON NE VOIT PAS TRÈS BIEN À CE STADE COMMENT LA CHINE VA RÉDUIRE LES INÉGALITÉS. LES 10 % LES PLUS RICHES DÉTIENNENT PLUS DES DEUX TIERS DU PATRIMOINE NATIONAL, UN NIVEAU PROCHE DE CELUI DES ÉTATS-UNIS. »

CHAPITRE 6
La Chine, une économie aux pieds d'argile

Par Hubert Testard,
ancien conseiller économique et financier
dans les ambassades de France
au Japon, en Chine et en Corée.

« La mission du parti communiste est de rechercher le bonheur du peuple et la régénération de la nation chinoise. Nous devons construire un pays socialiste moderne qui sera prospère, fort, démocratique, avancé culturellement, harmonieux et beau lors du centenaire de la création de la République populaire de Chine (en 2049). La Chine sera un leader global par son poids économique et son influence internationale. Nous serons parvenus à une prospérité commune pour tous les citoyens et nous pourrons jouir d'une vie plus sûre, en meilleure santé et plus heureuse. La Chine ne se fermera pas au monde et sera toujours plus ouverte. »

Dans son discours devant le 19e Congrès du Parti communiste chinois en novembre 2017, Xi Jinping rappelle les grandes ambitions de son pays pour le milieu de ce siècle et décrit un projet prométhéen couvrant dans toutes ses dimensions la vie de la nation chinoise et son rapport au monde.

Mais cinq ans plus tard, à l'été 2022, l'économie chinoise est en crise et les nuages se sont accumulés sur les perspectives du pays. D'abord à court terme, avec l'impact de la pandémie, la guerre en Ukraine ou l'affaissement du marché immobilier, mais aussi à long terme, avec le retournement démographique, le recentrage du pays sur son marché intérieur ou la nouvelle compétition technologique et commerciale avec l'Occident.

Avant de cerner si le projet de Xi Jinping est encore crédible du point de vue économique et social, il faut faire un bref retour en arrière sur ce qu'était la Chine au moment de la création de la République populaire, en octobre 1949, et analyser les clés du formidable rattrapage qu'elle a su mener à bien au cours des soixante-douze dernières années.

Tableau de la Chine en 1949

Lorsque Mao Zedong s'adresse au peuple chinois sur la place Tiananmen le 1er octobre 1949 pour célébrer la création de la République populaire, la Chine est un pays extrêmement pauvre. Son produit intérieur brut (PIB) par habitant se situe au cinquième de la moyenne mondiale[156]. Il est inférieur à celui des pays africains ou latino-américains. Le PIB global du pays en parité de pouvoir d'achat ne dépasse pas celui de la France, douze fois moins peuplée, et représente à peine 4,5 % du PIB mondial. Un formidable recul par rapport à ce qu'il représentait au début du XIXe siècle (33 % du PIB mondial en 1820[157]).

L'économie chinoise est très peu ouverte sur le monde, avec des exportations qui ne dépassent pas 2,6 % du PIB, et une part du commerce mondial inférieure à 1 %. La population du pays atteint 550 millions d'habitants, avec une très forte fertilité (plus de 6 enfants par femme) qui conduira à un doublement de cette population en un peu moins de quarante ans. Elle est jeune, à 90 % rurale, très largement illettrée, avec une espérance de vie limitée à 42 ans pour les hommes et 45 ans pour les femmes. La propriété des terres est très concentrée (10 % des propriétaires détiennent 70 % des terres), et la Seconde Guerre mondiale puis la guerre civile ont provoqué des famines endémiques. On estime que 17 millions de Chinois seraient morts de faim dans les quelques années précédant l'établissement de la République populaire[158].

---

156. Angus Maddison, *L'Économie mondiale, une perspective millénaire*, OCDE, 2001. L'estimation est en parité de pouvoir d'achat.

157. *Ibid.*

158. Françoise Daillens, « La vie économique en Chine en 1950 », *L'Information géographique*, vol. 15, n° 1, 1951.

Les trois grandes visions du rattrapage économique

L'économie chinoise d'aujourd'hui n'a plus rien à voir avec celle de 1950. Elle représente désormais près du cinquième de l'économie mondiale[159] et prétend dépasser celle des États-Unis d'ici 2030. Au-delà des performances économiques, les acquis sociaux du pays sont frappants : l'illettrisme a pratiquement disparu et plus de la moitié des jeunes Chinois poursuivent des études supérieures[160], l'espérance de vie est, à un peu plus de 77 ans, équivalente à celle des États-Unis. Les deux tiers des Chinois vivent en ville. L'éradication de l'extrême pauvreté est pratiquement achevée et les classes moyennes sont désormais majoritaires dans les zones urbaines.

Ce résultat est d'autant plus spectaculaire qu'il est intervenu dans un pays-continent dont le rattrapage suffit à bouleverser les équilibres mondiaux. Pour autant, il n'est pas unique au monde et offre de nombreuses similarités avec les expériences antérieures du Japon, puis de la Corée. Arriver à ce résultat n'a pas été non plus un long fleuve tranquille, et on doit distinguer trois grandes périodes aux caractéristiques très différentes qu'on peut, par souci de simplification, désigner par le nom des leaders politiques qui les ont orchestrées : l'ère Mao Zedong, l'ère Deng Xiaoping et l'ère Xi Jinping. Ces trois ères comportent des choix idéologiques fondamentaux dont aucun n'a été entièrement effacé par les suivants. La politique économique chinoise actuelle est

159. Le PIB chinois représente 18 % du PIB mondial en 2021.

160. La proportion d'inscriptions dans les universités par classe d'âge atteint 54 % contre 65 % en France.

une synthèse en perpétuel mouvement de ces choix successifs, avec un équilibre toujours instable entre la volonté de contrôle et l'ouverture.

L'ère Mao Zedong

Mao a été, de 1949 à sa mort, en 1976, le Grand Timonier de la collectivisation de l'économie chinoise et du totalitarisme.

Il s'inspire du modèle soviétique pour la nationalisation des grandes entreprises, la mise en place d'une planification centralisée et le développement de l'industrie lourde. L'appel au « grand frère soviétique » permet d'importer dans les années 1950 une première vague de technologies et d'équipements industriels avec l'aide de dizaines de milliers d'ingénieurs russes (qui quitteront le pays au début des années 1960). Le maintien de prix agricoles bas facilite la mobilisation de l'épargne nationale au profit du développement de l'industrie. Dès le départ, la Chine a un taux d'investissement élevé par rapport aux autres pays pauvres de l'époque. Il atteint 23 % du PIB en 1957, et progresse à 31 % en 1979[161].

Pour le développement agricole du pays, Mao collectivise les terres et généralise dès 1955 les coopératives agricoles avant d'adopter à partir de 1957 la formule de la commune populaire, qui est un modèle unique de totalitarisme par la base. Les communes populaires remplacent tous les

161. « Chine, développement économique socialiste », étude de la Banque mondiale, 1983.

échelons administratifs inférieurs du pays (villages, districts) et réunissent tous les moyens de production locaux, avec des activités principalement agricoles, mais aussi secondairement industrielles. Elles ont une organisation interne de type militaire : chaque commune disposait d'un certain nombre de brigades, elles-mêmes divisées en équipes réunissant quelques dizaines de familles. Après l'échec du Grand Bond en avant, les communes populaires redeviennent des circonscriptions administratives et l'échelon de production opérationnel est celui des équipes.

L'ère Mao Zedong est également marquée par des changements d'orientation et des campagnes politiques d'une extraordinaire brutalité qui ont conduit le pays au bord de l'épuisement physique et moral au moment de la mort du Grand Timonier en 1976. Dès le début des années 1950, l'expropriation est souvent pour les propriétaires synonyme d'élimination physique. Mao Zedong et Zhou Enlai eux-mêmes situaient autour de 1 à 2 millions le nombre de propriétaires terriens massacrés dans la phase de collectivisation des terres.

En 1956, Mao s'attaque aux intellectuels en lançant la campagne dite des « Cent Fleurs » (« Que cent fleurs s'épanouissent, que cent écoles rivalisent »). Cette campagne visait initialement à encourager le débat et la contestation, avant que son extraordinaire succès ne conduise le Parti à la réprimer durement. Plus de 500 000 intellectuels – principalement des enseignants – sont envoyés dans des camps de travail, un certain nombre sont exécutés.

À peine deux ans après, Mao lance la campagne idéologique du Grand Bond en avant, qui visait à rattraper l'économie américaine en dix ans par un formidable élan de volontarisme et de mobilisation du peuple. Ce Grand Bond en avant (1959-1960) a été en réalité un grand bond en arrière, avec deux récoltes catastrophiques, un recul du PIB d'un tiers, et surtout une gigantesque famine qui aurait fait 14 millions de morts dans les chiffres officiels, et jusqu'à 36 millions selon l'historien Yang Jisheng[162].

Le chaos et la guerre civile provoqués par la Révolution culturelle entre 1967 et 1969 sont également célèbres, avec leur cortège d'exécutions sommaires, de déportations massives à la campagne, qui se poursuivent pendant une dizaine d'années[163], et de destructions culturelles sans précédent. Le sinologue Jean-Luc Domenach estime à 4 millions de morts le bilan de la Révolution culturelle, et à 100 millions le nombre de ceux qui ont été « estropiés, martyrisés, maltraités, humiliés »[164].

En dépit de cette succession de tragédies, le bilan économique et social de l'ère Mao n'est pas entièrement négatif. Le régime parvient à créer une industrie lourde puissante. La part de l'industrie dans le PIB atteint 47 % en 1978, un taux deux fois plus élevé que celui de l'Inde à la même époque. L'agriculture mobilise encore 70 % des emplois, sa part du PIB est ramenée à 31 %, tandis que

162. Yang Jisheng, *Stèles. La grande famine en Chine (1958-1961)*, Seuil, 2012.

163. Michel Bonnin, dans *Génération perdue*, estime à 17 millions le nombre de jeunes Chinois instruits envoyés à la campagne entre 1968 et 1980.

164. Jean-Luc Domenach, « Comment Mao a dirigé la Chine », interview dans la revue *L'Histoire*, octobre-décembre 2012.

les services demeurent au second plan. Globalement, la croissance chinoise est le fruit d'une accumulation massive des moyens de production, qu'il s'agisse du capital avec un taux d'investissement constamment élevé, ou du travail avec un quasi-doublement de la population chinoise sur cette période. La productivité totale des facteurs (PTF), qui traduit l'efficacité du développement économique, reste en revanche négative sur toute la période 1952-1978[165]. La croissance chinoise était beaucoup plus faite de transpiration que d'inspiration, pour reprendre l'expression utilisée par Paul Krugman dans un article célèbre sur la croissance asiatique. La priorité donnée à l'industrie se traduit par une quasi-stagnation de la production agricole par tête.

Le bilan social de l'ère Mao est marqué par des avancées importantes. Dans l'éducation, le nombre d'enfants scolarisés est multiplié par 6 dans le primaire, et l'illettrisme chute à moins de 40 % de la population en 1978. La santé de la population s'améliore, avec une multiplication par 10 du nombre de médecins[166], d'infirmières et de lits d'hôpitaux. L'espérance de vie fait un bond spectaculaire sur trente ans. Celle des hommes passe à 66 ans et celle des femmes à 69 ans[167]. C'est également la période où le taux de

---

165. La PTF est de moins de 1 % par an en moyenne sur trente ans, selon Zhu Xiaodong ("Understanding China's Growth; Past, Present and Future", *Journal of Economic Perspectives*, vol. 26, n° 4, Fall 2012).

166. Auxquels s'ajoutent, selon la Banque mondiale, 1,5 million de « médecins aux pieds nus », dotés d'une formation médicale de base, qui sillonnent les campagnes.

167. Perspectives pour la population mondiale des Nations unies. Chiffres pour la période 1980-1985.

fertilité des femmes recule le plus rapidement sous l'effet des premières campagnes de contrôle des naissances. On passe de plus de 6 enfants par femmes en 1950 à 2,5 avant même la mise en place de la politique de l'enfant unique à partir de 1979. L'urbanisation du pays progresse peu, et la Chine reste à 82 % rurale en 1978.

Sur le plan international, l'économie chinoise ne rattrape pas les autres (en fait, son poids mondial régresse), car le monde entier connaît une longue période de prospérité jusqu'au premier choc pétrolier de 1974. La progression du PIB par habitant ne dépasse pas 3 % par an en Chine entre 1952 et 1978, guère plus que les États-Unis sur cette période. En dollars courants, le PIB de la France reste plus de deux fois supérieur à celui de la Chine en 1980.

Les « trente glorieuses » de Deng Xiaoping

L'ère à laquelle on peut donner le nom de « Deng Xiaoping » commence avant son retour au pouvoir, fin 1978, et se termine une dizaine d'années après sa mort, lors de la crise financière de 2008. Les prémices de l'ouverture du pays remontent au voyage en Chine de Richard Nixon en 1972 et à une première vague d'achats de technologies et d'équipements aux pays occidentaux à partir de 1973 pour développer la production d'acier, de fertilisants et de fibres chimiques. Suit une série de missions d'études et d'achats aux États-Unis (1976), au Japon, en Yougoslavie, dans cinq pays ouest-européens, à Hong Kong et en Asie du Sud-Est, aboutissant à l'adoption en mai 1978, sous l'autorité de Hua

Guofeng, alors secrétaire général du parti communiste, d'un plan à dix ans portant sur 120 projets industriels basés sur les technologies occidentales.

Deng Xiaoping est connu pour être l'homme de l'ouverture du pays, et pour avoir appliqué les recettes occidentales du développement économique connues sous le nom générique de « consensus de Washington ». Mise au point notamment par le FMI et la Banque mondiale, cette théorie du développement se fonde sur la privatisation des entreprises, la libération des prix, le développement de la concurrence et la déréglementation des marchés, le maintien des équilibres macroéconomiques (budgets proches de l'équilibre, inflation faible), le développement progressif de l'épargne et des marchés financiers. Sur le plan social, elle prône des politiques actives d'éducation et de santé permettant d'avoir une main-d'œuvre mieux formée, en bonne santé et par conséquent plus productive. Sur le plan international, le consensus de Washington se fonde sur une baisse des obstacles au commerce extérieur et à l'investissement étranger ainsi qu'une recherche active des investisseurs étrangers pour diversifier l'économie et favoriser la croissance.

La création progressive d'une économie du savoir fondée sur la recherche, l'innovation et l'entrepreneuriat permet par ailleurs de poursuivre le rattrapage et d'échapper à la stagnation après la phase initiale de décollage économique, lorsque l'avantage comparatif des faibles coûts de production s'érode.

De fait, les dirigeants chinois ont très largement appliqué les recettes du consensus de Washington entre 1978 et 2008, mais en procédant par étapes. Ils ont par ailleurs conservé ou créé bon nombre d'outils et de politiques différentes qu'on a rassemblés sous l'appellation « consensus de Pékin », et qu'on aurait tout aussi bien pu appeler « consensus de Tokyo », car elles s'inspirent directement des théories du développement inventées par les Japonais.

La méthode chinoise et le consensus de Washington

En mai 1978, un article du journal *Clarté*, inspiré par Hu Yaobang, qui deviendra secrétaire général du PCC à partir de 1980, définit de la façon suivante la nouvelle idéologie du Parti : « La pratique est le seul critère pour tester la vérité. » Quelques mois plus tard, Deng Xiaoping lui-même déclare dans une intervention publique : « Émancipez les esprits, recherchez la vérité à partir des faits, unissez-vous et allez de l'avant. » La définition des réformes par l'expérimentation, en s'appuyant largement sur l'initiative de la base, devient une règle du jeu fondamentale, avec pour objectif l'émancipation des forces productives.

La décollectivisation des moyens de production commence par les campagnes. À partir de septembre 1978, les communes populaires sont définitivement supprimées et les moyens de production sont alloués aux familles, qui peuvent commercialiser librement leur production après avoir atteint les quotas de production à prix fixe déterminés par l'État. Les marchés agricoles libres se multiplient, et cette politique a un effet immédiat : la production agricole progresse de 8 % par an entre 1979 et 1984.

Les entreprises industrielles acquièrent le droit d'embaucher et de licencier, cessent de transmettre leurs profits à l'État et peuvent également pratiquer une liberté des prix, une fois atteints les quotas de production nationaux à prix administrés. Ce principe de double prix s'applique également au taux de change. Il permet d'introduire progressivement les mécanismes de marché en conservant le contrôle des biens et des échanges jugés essentiels pour l'État. Dans une seconde étape, qui intervient à partir des années 1990, les prix sont unifiés et déterminés par le marché, à l'exception du taux de change, qui demeure largement sous le contrôle de la Banque centrale, et des prix intérieurs de l'énergie, qui ne peuvent fluctuer que dans des marges relativement étroites.

La décollectivisation des entreprises connaît une progression continue durant l'ère Deng Xiaoping. Alors que les entreprises d'État représentent plus de 80 % de la valeur ajoutée dans l'industrie, la construction et les services en 1980 (le reste étant réalisé par les entreprises mutualistes), cette part chute à 20 % dans l'industrie et à moins de 40 % dans la construction et les services en 2008. La multiplication des acteurs privés introduit une concurrence extrêmement vive à l'échelon local comme au niveau national, une concurrence qui est devenue une « marque de fabrique » de l'économie chinoise. Pour chaque gamme de produits, on trouve souvent des milliers d'acteurs publics ou privés qui se livrent une concurrence parfois déloyale, et toujours féroce.

Sur le front des échanges internationaux, Pékin adopte la méthode des zones économiques spéciales après une mission d'étude à Hong Kong (qui a en 1978 un commerce extérieur supérieur à celui de la Chine). Ces zones disposent de privilèges fiscaux et douaniers qui favorisent l'implantation des investisseurs étrangers. Deng lui-même redonnera un élan à ce dispositif lors d'une tournée dans le sud du pays en 1992. L'investissement étranger devient un élément central de la diversification économique et du rattrapage technologique, et les entreprises étrangères représentent jusqu'à 60 % des exportations chinoises au milieu des années 2000.

La déréglementation touche aussi l'emploi et les conditions de travail. L'emploi à vie disparaît en 1986 et l'assurance chômage est créée. Les *mingong*, qui sont des migrants de l'intérieur dont les droits sociaux restent rattachés à leur province d'origine, fournissent une main-d'œuvre bon marché et peu exigeante dont le rôle a été fondamental pour accompagner le développement économique et l'urbanisation du pays. Ils étaient au nombre de 291 millions en 2019.

L'ouverture internationale du pays est symbolisée par l'accession de la Chine à l'OMC en 2001, qui permet au pays de devenir l'usine du monde et à ses grandes entreprises d'investir massivement à l'étranger.

L'économie du savoir était concentrée sur les enjeux militaires lors de l'ère Mao Zedong, avec en particulier l'acquisition de l'arme nucléaire dès 1964. La Chine de Deng Xiaoping, puis celle de Xi Jinping, orchestre de façon beaucoup plus large et continue le développement des capacités scientifiques et technologiques du pays. Tous les critères d'évaluation habituels de l'innovation – le pourcentage de dépenses de recherche et développement rapporté au PIB, le nombre de publications scientifiques et le nombre de brevets déposés par les entreprises – montrent une progression continue de la Chine depuis quarante ans. Elle se situe aujourd'hui au premier rang mondial pour le nombre de publications et de brevets, et dans la moyenne des pays de l'OCDE pour l'effort de recherche et développement[168]. Le ministère de l'Éducation a par ailleurs lancé dans les années 1990 un programme d'universités d'excellence qui permet aujourd'hui de classer une dizaine d'entre elles dans les 100 premières universités mondiales. L'obsession du rattrapage scientifique et technologique est sans doute ce qui distingue le plus clairement la Chine de beaucoup d'autres pays en développement, notamment l'Inde ou l'Indonésie en Asie-Pacifique.

La méthode chinoise et le consensus de Tokyo

Les recettes occidentales n'ont pas été la seule inspiration du gouvernement chinois. Celles mises au point par le Japon et par Singapour ont eu également une forte influence. Par ailleurs, l'héritage du passé a été parfois conservé avec des aménagements.

L'économiste japonais Kenichi Ohno résume la vision japonaise du développement dans un article consacré au Vietnam en février 2010[169] : « Il faut un État fort, qui peut récompenser la création de valeur, punir la recherche de rente et diriger le secteur privé vers une vision nationale

---

168. Le ratio dépenses de recherche et développement sur PIB passe de 0,6 % en 1995 à 1,4 % en 2008, à la fin de l'ère Deng, puis à 2,3 % en 2020.

169. Kenichi Ohno, « Éviter la trappe à revenus intermédiaires », Forum de développement du Vietnam à Hanoi, le 27 février 2010.

cohérente. L'élargissement de la sphère de marché ne peut se faire que progressivement, en protégeant les industries naissantes dans une phase initiale. L'investissement étranger et l'aide au développement international sont d'une importance secondaire par rapport à l'appropriation des savoir-faire et des technologies. La politique industrielle doit se fonder sur une connaissance en profondeur des industries dans lesquelles l'État entend intervenir. Il faut bâtir un équilibre délicat et toujours changeant entre les priorités de l'État et la dynamique des marchés, ce qui est beaucoup plus difficile à faire qu'une planification purement étatique ou un laisser-faire généralisé. »

La Chine de Deng Xiaoping s'est appuyée sur trois piliers principaux pour conserver un étroit contrôle de l'État sur le développement économique : la planification, le contrôle du secteur bancaire et plus généralement le rôle stratégique des entreprises publiques.

La planification économique était jusqu'en 1980 entièrement centralisée, selon le modèle soviétique. Elle était et reste déterminée par les plus hautes instances dirigeantes du parti communiste, le gouvernement ayant un rôle de recueil d'informations et d'exécution. En 1978, l'accent est mis sur la modernisation de l'économie, qui passe par l'ouverture et les transferts de technologie en provenance des pays développés. Les objectifs chiffrés restent nombreux, mais la part des objectifs contraignants diminue. Les plans ne commencent à intégrer les préoccupations environnementales que tardivement, à partir du 10e plan quinquennal (2001-2005). La planification s'oriente progressivement vers la construction d'une « économie socialiste de marché ». Au-delà des plans eux-mêmes, un objectif de long terme est fixé par Deng : atteindre une « société de moyenne aisance » à l'horizon 2020.

La réforme bancaire de l'ère Deng reste marquée par un contrôle étroit du gouvernement sur le financement de l'économie, avec deux grandes étapes. La Banque centrale cesse aussi d'être la seule banque commerciale du pays, et quatre grandes banques commerciales publiques sont créées pour servir différents objectifs de financement : l'agriculture, la construction, l'industrie et le commerce extérieur. Ces quatre banques représentent plus de 70 % de l'ensemble des crédits bancaires jusqu'à la fin des années 1990, et ne financent pratiquement que les entreprises publiques. Les considérations de risques restent secondaires par rapport aux priorités politiques, conduisant à une crise majeure en 1998 (les prêts irrécouvrables sont estimés à 30 % du PIB chinois de l'époque par les analystes occidentaux). Les réformes d'ampleur conduites par le Premier ministre Zhu Rongji au début des années 2000 permettent de restaurer la santé financière des grandes banques publiques, d'ouvrir leur capital et de créer une série d'autres banques chargées du développement local. C'est aussi l'époque où les marchés financiers chinois explosent. Le financement de l'économie connaît une diversification considérable, mais l'empreinte de l'État reste forte.

Zhu Rongji s'est également mobilisé sur la réforme des entreprises publiques. Il décide de mettre fin aux déficits chroniques qui avaient marqué la première phase de transition et de concentrer les priorités de l'État sur un nombre limité de secteurs stratégiques, avec le slogan « *Zhuada fangxiao* » (« Contrôler les grands et libérer les petits »). Une commission de supervision et de gestion des actifs de l'État (« SASAC » en anglais) est créée en 2003 pour nommer les dirigeants des grandes entreprises publiques, approuver les plans de développement, les fusions et les ventes d'actifs. Les secteurs jugés les plus stratégiques concernent la défense, l'énergie, la pétrochimie, les transports aériens et maritimes, les télécommunications et l'espace. Un second groupe de secteurs stratégiques comprend l'automobile, les technologies de l'information, la construction et l'industrie lourde. Il n'a donc jamais été question d'abandonner la place centrale des entreprises publiques dans le pilotage de l'économie.

Le bilan des trente glorieuses

Le bilan économique de l'ère Deng est spectaculaire. La croissance du pays atteint une moyenne de près de 10 % par an entre 1978 et 2008. Le PIB par habitant est multiplié par 12[170]. Cette croissance est aussi beaucoup plus efficace que par le passé : la productivité totale des facteurs, négative durant l'ère Mao, devient fortement positive[171]. L'économie chinoise dépasse celle du Japon en 2010 pour devenir la seconde économie mondiale, tandis que l'industrie chinoise prend la même année la première place, à parité avec

170. Données de la Banque mondiale en parité de pouvoir d'achat, hors inflation.

171. Elle passe de – 1,07 à + 3,16 points de PIB par an, selon l'économiste Zhu Xiaodong.

l'industrie américaine. La Chine devient aussi le premier exportateur mondial en 2008 devant l'Allemagne. Les flux d'investissements chinois dans le monde sont multipliés par 20 au cours de la décennie 2000, dans le sillage de l'accession à l'OMC.

Le bilan social des trente glorieuses chinoises est plus nuancé. L'extrême pauvreté, qui touchait près de 90 % de la population en 1978, chute à 12 % trente ans plus tard[172], mais les inégalités augmentent fortement. L'indice de GINI, qui mesure les inégalités de revenus, atteint un sommet en 2008. Le rapport sur les inégalités mondiales de 2022 coordonné par Thomas Piketty montre que les inégalités de patrimoine ont également atteint un sommet en 2008, les 1 % les plus riches captant 32 % de la richesse nationale, un niveau très proche de celui des États-Unis à la même époque, et très supérieur à celui de l'Europe de l'Ouest. La décollectivisation de l'économie chinoise a permis à une nouvelle classe d'entrepreneurs chinois de capter les actifs du pays à bas coûts pour s'enrichir rapidement, avec la bénédiction de Deng lui-même (on se souvient de la formule « Être riche est glorieux », employée par le Petit Timonier lors de sa tournée dans le sud du pays en 1992).

La démographie chinoise se transforme en profondeur. Trente ans d'application de la politique de l'enfant unique ramènent à 1,5 le nombre d'enfants par femme dès 1995. La population chinoise continue d'augmenter mais se rapproche

172. La définition de l'extrême pauvreté est celle de la Banque mondiale, soit moins de 1,90 $ par personne et par jour.

de son sommet historique avec 1,36 milliard d'habitants en 2010, tandis que l'espérance de vie progresse plus lentement que sous l'ère Mao, pour atteindre 75 ans en 2010. Un filet de sécurité sociale de base couvrant santé et retraite a été mis en place d'abord pour les urbains, puis en zone rurale durant la décennie 2000.

Le bilan environnemental des trente glorieuses est catastrophique (voir chapitre 5). La pollution de l'air et de l'eau prend des proportions insoutenables. Les émissions de CO_2 chinoises dépassent celles des États-Unis dès 2005. Il faut arrêter toutes les usines des environs de Pékin pour assurer un air respirable pendant les jeux Olympiques de 2008. Le ministère de l'Environnement chinois tente au milieu des années 2000 de calculer le PIB vert du pays, qui inclurait les externalités négatives de la pollution. Il y renonce, car les évaluations d'experts conduisaient à réduire le PIB chinois de plus de 10 %.

Xi Jinping et la question du grand retour en arrière

L'ère Xi Jinping commence dès 2008, peu avant son arrivée au pouvoir, lorsque le choc de la crise financière de 2008 conduit les dirigeants chinois à privilégier la demande intérieure pour maintenir la croissance en lançant un gigantesque programme d'infrastructures. Au départ conjoncturel, ce recentrage sur le marché intérieur devient une stratégie sous l'impulsion de Xi, avec le slogan de la « circulation duale », qui met au premier plan la demande intérieure, avec une contribution de l'international qui reste utile mais devient secondaire.

D'autres virages stratégiques ont conduit certains observateurs américains à évoquer le « grand saut en arrière » que constitue la stratégie de Xi par rapport à celle de Deng, vers un néo-maoïsme qui peut conduire la Chine au désastre. Ces critiques portent d'abord sur l'orientation idéologique du régime et sur le contrôle toujours croissant de la population qu'il organise. Mais elles portent aussi sur ses choix économiques. Pour apprécier leur portée, il faut distinguer, par rapport à l'ère Deng Xiaoping, les éléments de continuité et d'approfondissement, les virages stratégiques ou les éléments de rupture.

Au titre de la continuité, on peut citer en premier lieu la stratégie de rattrapage scientifique et technologique. L'effort de recherche et développement continue à progresser très régulièrement pour atteindre 2,3 % en 2021, un taux désormais comparable à celui de la France. Conçu en 2015, le plan « Made in China 2025 » prend pour modèle le programme « Industrie 4.0 » de l'Allemagne. Il vise à transformer l'usine du monde en un laboratoire du monde. Les composants clés des chaînes de production industrielles doivent devenir à 70 % chinois à l'horizon 2025, ce qui montre en creux la forte dépendance de l'industrie chinoise à l'égard des technologies occidentales en dépit des efforts de rattrapage antérieurs. Les dix secteurs clés du plan sont aussi ceux qui figurent dans les priorités de la SASAC pour le développement des entreprises publiques, avec un accent particulier sur les technologies de l'information, la robotique et l'intelligence artificielle.

Toujours dans la continuité de l'ère Deng, la modernisation du secteur financier chinois se poursuit. La préférence pour le financement par prêts bancaires marque encore l'économie chinoise comme avant elle l'économie japonaise, faisant du système bancaire chinois le premier au monde en matière d'actifs, loin devant le système bancaire américain. Les quatre grandes banques publiques chinoises[173] sont aussi les quatre premières banques du monde, ce qui n'a pas empêché une forte progression des marchés financiers chinois. Les bourses du pays ont aujourd'hui une capitalisation deux fois supérieure à celles du Japon (trois fois si l'on inclut Hong Kong), et les marchés obligataires se rapprochent du niveau des marchés européens. La modernisation poursuivie depuis l'arrivée au pouvoir de Xi Jinping a deux grands axes : la déréglementation des taux d'intérêt, désormais achevée, et l'internationalisation. Celle-ci passe par une flexibilisation du taux de change du yuan engagée à partir de 2006, et par son internationalisation progressive, tandis que les banques chinoises sont invitées à se développer en dehors du pays, notamment pour financer les nombreux projets des nouvelles routes de la Soie. L'ouverture aux institutions financières étrangères s'élargit également, et les placements occidentaux dans les marchés

173. Industrial and Commercial Bank, Bank of China, Agricultural Bank, Construction Bank.

financiers chinois n'ont jamais été aussi importants qu'au cours des années 2020 et 2021.

Les virages stratégiques de Xi Jinping

Pour être importants, les éléments de continuité avec l'ère Deng Xiaoping coexistent avec une série de virages stratégiques qui modifient fondamentalement l'équilibre de la politique économique et sociale du pays. Ils portent en particulier sur le recentrage de l'économie vers la consommation et les services, l'importance attachée au développement durable, le primat du marché intérieur, le retour en force du secteur public et l'affirmation du modèle chinois face aux normes occidentales.

Le recentrage vers la consommation et les services était indispensable au niveau de développement atteint par le pays en 2008. L'industrie et la construction n'avaient jamais cessé d'être la priorité du développement depuis la création de la République populaire de Chine. Ces deux secteurs ont atteint un sommet, à près de la moitié du PIB chinois en 2011, alors que la moyenne mondiale se situait à 28 %. Le secteur des services restait sous-développé, plafonnant à 43 % du PIB du pays. L'hypertrophie du pilier industriel et la faiblesse du pilier services créaient une économie déséquilibrée, peu tournée vers les citoyens, très polluante, surconsommatrice d'énergie et de matières premières, et progressivement moins efficace (le rendement de l'investissement est en chute constante durant la décennie 2000).

La consommation des ménages était le parent pauvre de la demande intérieure. Elle chute au niveau le plus bas en 2010, à un peu moins de 35 % du PIB, alors que la moyenne mondiale se situe autour de 60 %. Les ménages chinois devaient compenser un filet de protection sociale encore faible. Il leur fallait couvrir les deux tiers de leurs dépenses de santé, épargner pour leur retraite et faire face aux coûts élevés de l'enseignement supérieur. Par ailleurs, la part des salaires dans la valeur ajoutée est restée faible, car la croissance était peu riche en emplois et fortement intensive en capital. L'emploi industriel n'a en fait que modérément progressé en Chine pendant trente ans, malgré l'extraordinaire essor de l'industrie chinoise.

Le mot d'ordre de Xi Jinping est celui de la « nouvelle normalité ». Une économie davantage tirée par les services et la consommation, et plus respectueuse de l'environnement. Cette nouvelle orientation se traduit mécaniquement par un taux de croissance plus faible, les gains de productivité dans les services étant moins rapides que dans l'industrie. Après le bond temporaire créé entre 2009 et 2011 par le plan de relance massif décidé pour contrer la crise financière mondiale, le taux de croissance de l'économie chinoise « descend une marche d'escalier ». Il se situe entre 6 et 7 % par an entre 2014 et 2019. C'est encore beaucoup par comparaison avec la moyenne des pays émergents, mais c'est sans précédent depuis quarante ans.

Le problème est que ce prix payé en matière de croissance ne s'accompagne pas d'une réorientation rapide de l'économie. La part des services dans la valeur ajoutée s'accroît sensiblement et passe à 54 % en 2020, tandis que les investissements industriels connaissent une croissance nettement plus lente[174]. Mais la part de la consommation des ménages ne progresse que faiblement, avec même un nouveau recul en 2020 sous l'impact de la pandémie. En dix ans, elle ne gagne que 3 points dans le PIB et plafonne à 38 %. Deux facteurs principaux retardent le rééquilibrage de l'économie chinoise. Du côté des services, de nombreuses entreprises publiques disposent encore de privilèges et de positions dominantes qui freinent la concurrence. Sur le front de l'emploi, le taux d'activité de la population est en baisse sensible et la population en âge de travailler commence à décliner sous l'effet du ralentissement démographique. Par ailleurs, l'État providence reste en construction. Les ménages ne payent plus que le tiers de leurs dépenses de santé en 2020, mais les dépenses d'éducation et de logement continuent d'augmenter. Le taux d'épargne chinois reste donc l'un des plus élevés au monde.

Le virage environnemental de la politique économique du pays est analysé au chapitre 5. C'est un chantier titanesque qui occupera les dirigeants chinois durant les décennies à venir, et qui déterminera pour une bonne part nos propres chances de mener la bataille contre le changement climatique.

Le recentrage sur le marché intérieur est également une question décisive, car c'est l'ouverture au monde qui a fait le succès historique de la croissance chinoise. Il commence dès 2009 avec le grand plan de relance destiné à contrer la crise financière mondiale, qui inclut en particulier un gigantesque programme d'infrastructures. Le marqueur principal

174. La progression des investissements manufacturiers chute continuellement, passant de + 23 % en 2011 à + 5 % en 2019, avant le choc de la pandémie.

de cette évolution est la place du commerce extérieur dans le PIB. La Chine est un immense pays, et le rôle joué par ses échanges extérieurs est naturellement appelé à se réduire lorsqu'elle sera devenue un pays développé. Pour mémoire, le commerce extérieur des États-Unis représente moins du quart du PIB du pays, et celui du Japon guère plus de 30 %. Le levier du commerce extérieur était fondamental durant l'ère Deng Xiaoping : il était passé en trente ans de moins de 10 % à 64 % du PIB du pays. Le retournement de la décennie 2010 est non moins spectaculaire. La part du commerce extérieur est ramenée à 35 % en 2020, un niveau désormais proche de celui du Japon. Le poids des exportations dans le PIB est réduit de moitié, avec un rebond conjoncturel en 2021. Il atteint désormais un seuil comparable à celui de l'Inde, pays peu connu pour ses performances à l'exportation.

La place des investissements directs étrangers (IDE) est également en diminution constante. Et cette fois-ci, la tendance est continue depuis les sommets enregistrés lors de la tournée dans le sud du pays de Deng Xiaoping en 1992, avec une part dans le PIB qui chute de 6 à 1 % entre 1992 et 2020. L'investissement étranger reste crucial du point de vue qualitatif, comme le montre la présence de Tesla en Chine, mais il a cessé d'avoir une importance quantitative. L'Inde accueille aujourd'hui trois fois plus d'investissements étrangers en proportion de son économie. Les grandes entreprises chinoises ont par ailleurs été invitées à ne pas se disperser dans leurs investissements internationaux. Après un sommet en 2017, l'investissement direct vers le reste du monde est en net recul.

Les risques de la circulation duale

La réalité des faits a précédé la théorie dite de « la circulation duale », qui fut officiellement formulée par Xi Jinping en 2020. Depuis quelques années, la demande internationale était moins porteuse. La croissance mondiale hors Chine n'a été que de 1,6 % par an durant la décennie 2010-2020, soit moins de la moitié de ce qu'elle était durant l'ère Deng Xiaoping. Les frictions commerciales se sont accumulées avec les États-Unis à partir de 2018, et n'ont cessé de s'amplifier. Les risques de la dépendance chinoise à l'égard des technologies occidentales, de l'énergie (en particulier le pétrole) et de certaines ressources agricoles sont apparus comme stratégiquement inacceptables pour le leadership chinois. La nouvelle stratégie vise à réduire l'exposition du pays aux incertitudes de son environnement international par l'accélération de la montée en gamme technologique, la relocalisation du plus grand nombre possible de composants, la relance de la consommation intérieure et une diversification des fournisseurs en s'appuyant sur les partenariats des routes de la Soie.

La pandémie a donné un sérieux coup d'arrêt à cette stratégie. L'incertitude n'est pas seulement internationale. Elle est aujourd'hui interne, avec la désorganisation que provoque l'obstination du régime à maintenir une politique de « zéro Covid » en dépit des nouvelles caractéristiques du virus. Plusieurs centaines de millions de Chinois ont subi une période de confinement au cours du premier semestre de l'année 2022, les interruptions de production et les ruptures de la chaîne logistique se sont multipliées, la croissance du pays était pratiquement à l'arrêt au second trimestre.

Le levier de la consommation intérieure ne fonctionne pas. L'aide directe aux ménages ne fait toujours pas partie de la panoplie d'interventions du gouvernement, qui continue à privilégier le soutien aux entreprises. Les aléas et la brutalité des confinements ont provoqué une crise de confiance qui pèse lourdement sur la consommation.

Du côté des nouveaux partenariats internationaux, le vaste programme des routes de la Soie a subi deux chocs successifs. Certains partenaires clés de la Chine ont pris de plein fouet l'impact économique et financier de la crise sanitaire et sont aujourd'hui en quasi-faillite, comme le Pakistan. Un quart des projets antérieurs sont actuellement à l'arrêt ou en suspens. Par ailleurs, la guerre russo-ukrainienne bloque une partie des voies ferroviaires et routières qui devaient lier la Chine à l'Europe, et le partenariat « sans limites » avec la Russie devient autant un piège qu'une opportunité. Le seul axe encore porteur de l'internationalisation du pays est l'entrée en vigueur fin 2021 de l'accord de libre-échange intra-asiatique (RCEP en anglais) qui va accompagner la régionalisation des échanges et des investissements entre la Chine, l'Asie de l'Est et du Sud-Est.

À plus long terme, la raréfaction des liens humains entre la Chine et le reste du monde pose question. Les Chinois ne voyagent plus (on leur retire leurs passeports) et ne reçoivent que très peu de visiteurs étrangers, les expatriés fuient le pays, et le contrôle de l'information atteint de tels sommets que la perception des changements rapides de l'économie mondiale peut s'émousser. Dans l'équilibre complexe et changeant que le parti communiste a toujours cherché à maintenir entre ouverture du pays et contrôle de la population, seul le bouton « contrôle » semble aujourd'hui être activé.

Le retour en force du secteur public

La stratégie de Deng Xiaoping et de son successeur Jiang Zemin était de conserver un certain nombre de champions nationaux dans les secteurs clés et de les rendre plus compétitifs, tout en laissant le secteur privé devenir dominant (il représentait 70 % du PIB en 2010). Xi Jinping revient en arrière, avec quatre objectifs : replacer les grandes entreprises publiques au centre de la stratégie de développement, mettre au pas les grands acteurs privés du high-tech chinois, donner au Parti un rôle plus actif dans toutes les entreprises et mixer les intérêts publics et privés. L'arrière-plan idéologique de cette nouvelle orientation est le renforcement du contrôle du Parti sur l'ensemble des moyens de production, y compris les plus modernes. Karl Marx avait au XIXe siècle fixé l'objectif d'une appropriation collective des moyens de production portant sur la terre, le travail et le capital. Le Parti communiste chinois ajoute deux nouveaux moyens de production à cette liste, qui sont les technologies et les données.

Dans son ouvrage *The State Strikes Back*[175], l'économiste Nicholas R. Lardy donne une série d'exemples de la nouvelle stratégie du gouvernement. La part de l'investissement privé

175. Nicholas R. Lardy, *The State Strikes Back*, Peterson Institute for International Economics, janvier 2019.

dans l'investissement total du pays cesse de progresser à partir de 2014, et redescend au-dessous de 50 %. Le financement des entreprises progresse fortement à partir de 2009 avec la succession des plans de relance, et les trois quarts des financements supplémentaires se dirigent vers les entreprises publiques[176], en dépit d'un rendement de l'investissement qui est en moyenne trois fois inférieur dans les entreprises d'État que dans le privé. Les difficultés de financement du secteur privé font l'objet de débats publics en 2018, et le gouvernement se sent contraint d'annoncer une politique plus équilibrée pour l'avenir.

Au-delà des questions de financement, le gouvernement a parfois pris des décisions beaucoup plus brutales au détriment des intérêts privés. Il prend en 2021, sans préavis et au nom de l'égalité des chances, la décision de limiter et de mettre sous la coupe des collectivités locales un pan entier de l'économie de service aux personnes, qui était le secteur florissant des cours particuliers aux élèves du primaire et du secondaire. Une décision qui a mis fin à l'activité de plusieurs centaines de milliers d'enseignants privés et réduit de 80 % le chiffre d'affaires du secteur.

La mise au pas des grandes entreprises du high-tech vise d'abord à reprendre le contrôle de l'État sur les données. Alibaba et Tencent avaient développé des outils de paiement sur téléphone mobile – Alipay et WeChat Pay – qui

176. Les crédits aux entreprises non financières sont passés de 120 à 166 % du PIB entre 2009 et 2016, pour les trois quarts au bénéfice des entreprises publiques.

étaient devenus dominants dans les transactions financières quotidiennes des citoyens et des entreprises. Ils avaient accumulé une masse colossale d'informations personnelles qui échappaient au contrôle du Parti et de la Banque centrale, et leurs prêts à la consommation risquaient d'accroître de façon incontrôlée la dette des ménages et des PME.

Une série d'autres problèmes se sont ajoutés à la question des données, qu'il s'agisse des comportements anticoncurrentiels devenus prédateurs, ou des pratiques sociales incompatibles avec l'objectif d'une prospérité commune[177]. Leurs projets d'expansion internationale ont également été remis en cause. L'entrée en bourse à Shanghai et à Hong Kong d'Ant Financial, filiale d'Alibaba et géant de la Fintech chinoise, est bloquée par le gouvernement en novembre 2020. Celui de Didi (l'Uber chinois) aux États-Unis est également remis en cause en 2021, quand le gouvernement chinois s'aperçoit que les déplacements en Chine des fonctionnaires chinois pourraient faire partie des données portées à la connaissance de l'autorité américaine de contrôle des marchés financiers. Plus globalement, le gouvernement veut réorienter les décisions d'investissements des leaders du high-tech chinois vers les secteurs clés du rattrapage technologique, et les éloigner de ce qui paraît inutile, comme le secteur du jeu vidéo, qui est la vache à lait de Tencent.

Le parti communiste dispose par ailleurs depuis longtemps d'une présence directe dans les entreprises chinoises.

177. Les débats ont notamment porté sur la pratique courante du 9-9-6, où les salariés travaillent de 9 heures du matin à 9 heures du soir, six jours par semaine.

Une loi datant de 1993 demande à toutes les sociétés basées en Chine, qu'elles soient chinoises ou étrangères, d'autoriser la mise en place de comités du Parti et d'assurer leur bon fonctionnement. Cette loi n'a été que partiellement mise en œuvre, jusqu'à ce qu'une nouvelle directive du département des ressources humaines du Parti exige en 2012 une présence globale de comités du Parti dans les entreprises privées. Une étude de Jérôme Doyon[178], de l'université d'Oxford, montre que cette présence couvre désormais 92 % des grandes entreprises privées. Depuis 2018, la création de comités du Parti est devenue obligatoire pour toutes les entreprises cotées. Ces comités avaient au départ des activités comparables à celles du comité d'entreprise en France. Ils jouent désormais un rôle actif dans de nouveaux domaines : les ressources humaines, les choix d'investissements par des avis (qui sont en réalité des instructions) et l'éthique des dirigeants.

Dernière pierre de l'édifice, le gouvernement pousse les participations croisées entre entreprises publiques et privées. La SASAC autorise au cas par cas les mises sur le marché partielles ou les prises de participation minoritaires des intérêts privés au capital des entreprises publiques, ainsi que, pour les plus grandes sociétés d'État, la constitution de holdings publics dont certaines filiales peuvent être partiellement privées. Ces autorisations se sont multipliées au cours des dernières années, et l'appellation « entreprise

178. Jérôme Doyon, *Influence without Ownership: the Chinese Communist Party Targets the Private Sector*, Institut Montaigne, janvier 2021.

mixte » tend à se substituer à celle d'entreprise d'État. Le Paulson Institute évalue la part de ces entreprises mixtes à 40 % de la valeur ajoutée industrielle du pays en 2010. L'État pousse également les prises de participation publiques dans les entreprises privées. L'un des exemples les plus récents est la vente probable par Alibaba de ses parts dans Weibo (le Twitter chinois) au groupe public Shanghai Media Group.

L'affirmation du modèle chinois

« Avançons cachés, masquons nos talents. » La formule célèbre de Deng Xiaoping n'est plus de mise dans la Chine de Xi Jinping. L'affirmation d'une Chine conquérante et décomplexée est visible dans la sphère internationale avec l'arrivée des « loups guerriers » de la diplomatie chinoise. Elle l'est tout autant dans la sphère économique. En voici deux exemples, qui concernent les normes et les universités.

Contrairement aux pays occidentaux, la politique chinoise de normalisation est étroitement pilotée par l'État. Là où la France dispose d'une équipe de deux personnes à la Direction générale des entreprises pour suivre l'évolution de la normalisation industrielle, la Chine s'est dotée depuis 2001 d'une administration dédiée au pilotage des normes. Cette administration élabore en 2020 un plan à quinze ans intitulé « Chine, normes 2035 » qui vise à faire de la Chine le pays de référence pour toutes les normes liées aux nouvelles technologies comme les télécommunications, l'intelligence artificielle, la robotique, les objets connectés, les biotechnologies et les nouvelles normes environnementales. Huawei est déjà le leader des normes internationales pour la 5G et ses concurrents occidentaux ont beaucoup de mal à suivre. Ce n'est pas le cas dans d'autres domaines où la compétition est plus ouverte, mais il va falloir s'habituer à une Chine plus offensive, pratiquant un entrisme permanent dans les institutions internationales de normalisation et s'appuyant sur les projets des routes de la Soie pour diffuser ses normes.

Un second exemple très récent concerne les universités chinoises. Celle de Jiao Tong, à Shanghai, avait créé un classement des universités qui est devenu l'un des trois classements de référence mondiaux avec ceux de Times Higher Education et QS (Quacquarelli Symonds). Les universités chinoises occupaient une place honorable et en progression régulière dans ces classements. Dix d'entre elles figuraient parmi les 100 premières universités mondiales. Mais le 26 avril 2022, Xi Jinping s'adresse aux étudiants de l'Université du Peuple et déclare : « Nous ne pouvons pas suivre aveuglément les autres et copier les modèles étrangers quand nous construisons nos propres universités de premier rang, sur la base des conditions et des caractéristiques chinoises. » Très peu de temps après ce discours, trois universités chinoises de renom ont annoncé ne plus vouloir transmettre de dossiers aux gestionnaires des classements internationaux. Il est probable que d'autres universités vont suivre le mouvement. La Chine s'estime assez forte pour ne pas avoir besoin de se comparer au reste du monde.

Les grands enjeux des trente prochaines années

L'ère Xi Jinping n'est pas terminée et pourrait encore durer une dizaine d'années si l'actuel président parvient à consolider son pouvoir. Plutôt que d'en faire un bilan qui serait inachevé, il paraît plus utile de s'interroger sur les principaux enjeux des prochaines décennies pour l'économie chinoise.

La première question, un peu théorique mais centrale, est celle de la durée du rattrapage. Combien de temps encore la Chine peut-elle maintenir une croissance supérieure à la moyenne mondiale ? Peut-elle parvenir à un statut de puissance dominante comparable à celui des États-Unis pendant la seconde moitié du XXe siècle ? Va-t-elle au contraire perdre une partie de son dynamisme, sans parvenir à supplanter l'économie américaine ?

Certains sujets vont peser lourd dans la balance. La lutte pour le développement durable contre la dégradation de l'environnement et le changement climatique est absolument essentielle. Elle est analysée dans un autre chapitre de ce livre. Les autres grandes questions portent sur la démographie, l'urbanisation, la dette, la réduction des inégalités régionales et des inégalités sociales, les aléas du rattrapage technologique, le rôle de l'économie numérique et l'internationalisation financière de l'économie chinoise. Commençons par la question du rattrapage.

La dialectique de la « régression vers la moyenne »

L'expérience des quatre-vingts dernières années nous montre que le rattrapage économique des pays en développement n'est ni garanti ni linéaire. Certains pays ne parviennent pas à émerger et demeurent pauvres. D'autres stagnent après une première phase de rattrapage et restent englués dans ce que l'on appelle la « trappe à revenus intermédiaires ». On peut penser par exemple au Brésil ou à l'Afrique du Sud. Ceux qui parviennent à franchir toutes les étapes du développement ne le font pas de façon linéaire, par une croissance rapide au départ qui ralentirait progressivement. Leur rythme de croissance est d'abord très élevé, puis descend par « marches d'escalier » séparées par des périodes plus ou moins longues de dix à trente ans, jusqu'au moment où leur croissance rejoint la moyenne mondiale ou tombe en dessous de cette moyenne, comme c'est le cas aujourd'hui du Japon.

La question du moment où l'économie chinoise ne progressera plus qu'au rythme de la moyenne mondiale est essentielle, car elle va déterminer l'étendue du leadership économique mondial du pays au XXIe siècle. La Chine ne paraît pas menacée par la « trappe à revenus intermédiaires », car elle a su poursuivre son développement en s'appuyant sur la création d'une économie du savoir capable de rivaliser avec l'Occident. Le revenu par habitant du pays en dollars courants était de 12 360 dollars en 2021, un niveau très proche du seuil minimal fixé par la Banque mondiale pour la catégorie des pays à hauts revenus (12 695 dollars pour 2021). Elle devrait donc devenir un pays à « hauts revenus » avant 2025. Cela ne veut pas dire qu'elle aura achevé son rattrapage. La catégorie des pays à hauts revenus est vaste, et le seuil minimal de la Banque mondiale est six fois inférieur au PIB par habitant américain actuel.

Le modèle de référence pour la Chine est celui du Japon ou de la Corée. La croissance chinoise a déjà descendu une première marche d'escalier entre 2014 et 2019, avec un taux de croissance ramené à 6 à 7 % par an. Après le choc de la pandémie qui a provoqué une évolution en dents de scie en 2020 et 2021, elle est probablement en train de descendre une seconde marche d'escalier, avec une croissance potentielle évaluée par le FMI autour de 5 % pour les prochaines années.

Combien de temps encore la croissance potentielle du pays peut-elle rester proche de 5 %, alors que la croissance mondiale se situe autour de 3 % actuellement ? Deux thèses opposent les économistes sur ce sujet. Les auteurs de la réflexion sur la « régression vers la moyenne », Lawrence Summers et Lant Pritchett, ont publié en 2014 un article qui a fait beaucoup de bruit. Se fondant sur les données empiriques du passé concernant les pays émergents, ils estimaient que la croissance potentielle de la Chine ne pourrait rester supérieure à 5 % par an au-delà de 2025. Ce qui voudrait dire que l'économie chinoise ne dépasserait pas nécessairement l'économie américaine dans les décennies à venir.

Un autre courant de pensée se fonde sur la comparaison des niveaux de richesse au moment où le rattrapage économique cesse. Le constat fait notamment par Nicholas Lardy est que le niveau de PIB par habitant du Japon et de la Corée était très supérieur à celui de la Chine aujourd'hui, lorsque la croissance de ces pays a rejoint la moyenne mondiale. Le PIB par habitant de la Chine en parité de pouvoir d'achat était en effet égal à 28 % du PIB par habitant américain en 2021, et la Chine aurait devant elle encore une vingtaine d'années de rattrapage, selon Nicholas Lardy.

Au-delà de ce débat théorique, pour essayer d'aller plus loin dans l'analyse du potentiel de développement de l'économie chinoise, il faut cerner les freins auxquels elle va devoir faire face et les moteurs dont elle dispose encore.

Le fardeau démographique

La Chine a été l'un des pays au monde qui a le plus bénéficié de ce qu'on appelle le dividende démographique, c'est-à-dire la période durant laquelle la proportion des actifs s'accroît par rapport à celle des inactifs, qu'il s'agisse des enfants ou des personnes âgées. Pendant la première décennie de l'ère Mao Zedong, le nombre des naissances est si élevé que la proportion des inactifs atteint un sommet en 1970[179]. La tendance s'inverse brutalement par la suite jusqu'en 2010, où les inactifs représentent seulement un gros tiers de la population en âge de travailler, ce qui est un taux particulièrement favorable (celui de la France à la même date est de 54 %). La population chinoise en âge de travailler

179. En 1970, les moins de 15 ans et les plus de 65 ans représentent 79 % de la population en âge de travailler, qui dans les statistiques de l'ONU concerne la tranche d'âge de 15 à 64 ans. Ce ratio tombe à 35,6 % en 2010.

triple entre 1950 et 2010, et la croissance de cette population est une composante essentielle du rattrapage économique.

Un nouveau renversement s'opère à partir de 2010. La faiblesse du taux de fertilité, qui est passé au-dessous du seuil de reproduction vers 1995, commence à freiner la progression de la population adulte quinze ans plus tard, tandis que les progrès de l'espérance de vie provoquent un accroissement continu du groupe des plus de 65 ans, qui franchit la barre des 100 millions en 2006. Dans les prévisions des démographes, ce renversement de tendance va se poursuivre pour les décennies à venir. La population en âge de travailler a commencé à se réduire à partir de 2015 et devrait diminuer de plus de 20 % d'ici 2050[180]. La population totale du pays est elle-même en train de plafonner et devrait se réduire de 5 % à l'horizon 2050. Le groupe des seniors va pour sa part plus que tripler pour s'approcher du seuil des 400 millions en 2050. Le taux de dépendance va presque doubler[181] pour dépasser les deux tiers de la population en âge de travailler, mais cette fois-ci avec beaucoup plus de vieillards que de jeunes. En 1950, on comptait environ 8 enfants pour 1 personne âgée en Chine. En 2050, on passerait à 1 enfant pour 2 personnes âgées.

Le gouvernement chinois a fini par réagir aux risques créés par ce renversement très profond des dynamiques démographiques. Il allège la politique de l'enfant unique en 2013 et la supprime en 2015 pour porter le plafond de

180. Il s'agit des dernières prévisions des Nations unies pour 2019 sur les perspectives de la population mondiale.

181. Le taux de dépendance passe de 25,6 en 2010 à 67,5 en 2050.

naissances à deux enfants par couple. En 2021, le plafond passe à trois enfants et quelques mesures techniques sont prises pour faciliter les naissances.

L'expérience des autres pays asiatiques comme le Japon ou la Corée montre que, une fois engagée, une réduction de la fertilité est très difficile à contrecarrer. De nombreux facteurs comme l'urbanisation et les prix de l'immobilier, la recherche d'une vie professionnelle épanouissante, les coûts de plus en plus élevés de l'éducation, la généralisation de la contraception, le report de l'âge du mariage conduisent les jeunes femmes à ne pas avoir plusieurs enfants. En Chine, la réduction du nombre des naissances s'est même accélérée sous l'effet de la pandémie. Jusqu'en 2017, elle enregistrait plus de 12 millions de naissances par an. Le chiffre est tombé à moins de 11 millions en 2021 et devrait chuter assez rapidement en deçà de la barre des 10 millions. Au point que la population de l'Inde devrait dépasser dès 2023 celle de la Chine, selon un rapport de l'ONU paru en juillet 2022, soit sept ans plus tôt que ce que prévoyaient précédemment les démographes. À l'horizon 2050, la population indienne dépasserait la population chinoise de 300 millions d'habitants dans ces dernières prévisions.

La démographie va donc devenir un lourd fardeau pour l'économie chinoise. Il va falloir s'attaquer rapidement au chantier des retraites, dont les Chinois bénéficient très tôt (60 ans pour les hommes et 55 ans pour les femmes). En principe, le gouvernement pourra modifier les paramètres de la retraite plus facilement que dans les pays démocratiques, mais il avance prudemment à ce stade. Il faudra aussi promouvoir un développement économe en ressources humaines, ce qui explique les efforts très importants consentis pour le développement de la robotique, de l'intelligence artificielle et de l'économie numérique. La Chine est déjà le premier pays consommateur de robots industriels au monde.

Un autre champ d'investissement essentiel est celui de la santé. La pandémie a montré les insuffisances de l'infrastructure hospitalière et de la couverture médicale en zone rurale, même si la télémédecine a été largement utilisée. Le pays investit massivement dans les biotechnologies pour réduire sa dépendance pharmaceutique vis-à-vis des pays occidentaux. La question de l'immigration se posera peut-être un jour dans un pays qui, jusqu'à présent, avait envoyé des millions de migrants dans le monde et créé la première diaspora mondiale, devant celle de l'Inde[182].

L'urbanisation au ralenti

Deng Xiaoping prend en 1978 le contrôle d'un pays essentiellement rural, avec une population urbaine limitée à 18 % de la population totale. En quarante-quatre ans, jusqu'à aujourd'hui, l'urbanisation du pays est réalisée à marche forcée. Les urbains sont désormais près de 900 millions, soit 62 % de la population du pays, et cinq des vingt plus grandes mégalopoles du monde sont chinoises. L'urbanisation est un puissant facteur de croissance. Un paysan qui trouve du travail en ville multiplie sa productivité du travail par 3, 4

182. On estime à 50 millions environ le nombre de résidents ou de nationaux d'origine chinoise répartis sur les cinq continents.

ou 5 selon le métier qu'il exerce. Une étude de la Banque mondiale[183] estime que le quart de la forte croissance du pays durant l'ère Deng Xiaoping peut être attribué à l'urbanisation. Son impact actuel est sans doute moins important, mais reste situé entre 1 et 1,5 point de croissance. L'urbanisation n'accélère pas seulement la productivité du travail. Elle soutient l'essor de la construction et de l'industrie lourde, elle justifie les immenses programmes d'infrastructures dont la Chine s'est fait une spécialité, ce qui explique que, par exemple, la production de ciment et d'acier du pays représente actuellement la moitié de la production mondiale.

La Chine a toujours la volonté de poursuivre son urbanisation à un rythme soutenu, avec une priorité donnée aujourd'hui aux villes de deuxième et troisième rangs dans les provinces les moins développées du pays. Mais le taux de croissance de la population urbaine est en net ralentissement. Supérieur à 4 % par an jusqu'au début de ce siècle, il est tombé à tout juste 2 % en 2020 et pourrait descendre à moins de 1 % par an à partir de 2030. Le moteur de l'urbanisation devient donc plus poussif.

Par ailleurs, la Chine fait face à la fin d'une longue période de bulle immobilière. Depuis une quinzaine d'années, les prix de l'immobilier n'ont pas cessé de croître. Selon la Banque mondiale, l'achat d'un appartement familial dans une grande ville chinoise en 2021 représentait vingt-cinq années du revenu moyen, soit le double de Londres et le triple de Paris. Cette bulle immobilière a entraîné une

183. "Urban China", Banque mondiale et Development Research Center, 2014.

forte poussée de la construction et un surendettement des promoteurs immobiliers. Le secteur de la construction dans son ensemble représentait près de 30 % du PIB chinois en 2020, soit beaucoup plus que le niveau atteint aux États-Unis juste avant la crise financière de 2008. Le gouvernement chinois a pris conscience des risques créés par cette bulle et la Banque centrale a commencé en 2020 à restreindre le crédit immobilier, provoquant la faillite d'un certain nombre de promoteurs et un début de crise de confiance des acheteurs. Le marasme actuel de l'immobilier pèse évidemment sur les perspectives d'urbanisation, à un moment où les appartements invendus s'accumulent et où les acheteurs temporisent dans la crainte d'une chute des prix.

L'accentuation du ralentissement démographique crée une autre menace à terme. Lorsque la génération qui a pu bénéficier de logements gratuits ou à bas prix dans les années 1990 va céder la place à la génération suivante, celle-ci, moins nombreuse, va se trouver propriétaire ou multipropriétaire, et la pression pour l'acquisition de nouveaux logements va diminuer. Globalement, le gouvernement ne peut plus véritablement compter sur l'urbanisation pour maintenir une croissance soutenue. D'autant que le financement des programmes urbains se heurte à l'accumulation des dettes.

La pression de la dette

La montée en puissance des dettes est un enjeu mondial. Il s'agit d'une bombe à retardement dont on ne sait pas très bien ni quand ni comment elle va provoquer une nouvelle crise. La fuite en avant des pays occidentaux sur la question des dettes est connue. Celle de la Chine l'est moins, mais elle est d'une ampleur comparable. La dette brute globale du pays double entre 2008 et 2020, passant de 135 à 270 % du PIB, ce qui place la Chine au premier rang des pays émergents. Ce bond s'explique par l'ampleur des plans de relance liés à la crise financière mondiale de 2008, puis à la pandémie depuis 2020.

Dans sa composition, la dette chinoise est moins importante pour les administrations publiques ou les ménages que pour les entreprises. Mais au sein des entreprises, ce sont les sociétés d'État qui ont accumulé les trois quarts des nouvelles dettes. Le risque global est donc bien celui de l'État. Cette dette est peu internationale, et la balance des paiements du pays est structurellement en excédent, ce qui le prémunit contre les risques immédiats de crise de confiance. L'impact de cette flambée de la dette joue en revanche sur les politiques de soutien à l'économie. En 2022, le gouvernement cherche à la fois à lancer un nouveau programme d'infrastructures pour éviter un arrêt de la croissance (lié à la politique de tolérance zéro face au Covid), et à contenir l'augmentation de la dette des collectivités locales, qui sont les principaux acteurs des programmes d'infrastructures. Il n'est pas non plus question de distribuer des chèques aux ménages en augmentant les déficits publics. La dette n'est pas encore une menace, mais elle est clairement devenue un frein.

Un rattrapage régional difficile

On oublie souvent que la Chine n'est pas un pays ordinaire. Elle a la taille d'un continent, et les 31 provinces du pays ont une population moyenne de 46 millions d'habitants, ce qui correspond à la taille de la population espagnole en Europe. Les inégalités de développement entre ces provinces sont considérables. Onze provinces représentant près de 600 millions d'habitants ont un revenu par habitant qui dépasse déjà en 2021 le plancher retenu par la Banque mondiale pour les pays à hauts revenus. La région administrative la plus riche, qui est la métropole de Pékin, a un PIB par habitant proche de celui de l'Espagne, et 4,5 fois plus élevé que la province la plus pauvre, qui est celle du Gansu, située dans le nord-est de la Chine, entre la Mongolie intérieure et le Tibet.

En théorie, cet écart de richesse provincial est un atout pour soutenir la croissance, les régions les plus pauvres ayant un potentiel de rattrapage plus important. En pratique, durant l'ère Deng Xiaoping, les régions situées en dessous de la moyenne nationale ont progressé moins vite que les autres, car l'ouverture du pays a essentiellement profité aux zones côtières et aux provinces les plus urbanisées, qui étaient déjà plus riches. Les provinces situées dans l'est de la Chine voient par exemple leur économie progresser de plus de 12 % par an durant la décennie 2000 alors que les autres provinces ne dépassent pas 9 % par an.

Le gouvernement chinois a pris depuis vingt ans une série de mesures pour favoriser les provinces pauvres, par des programmes d'infrastructures qui leur sont dédiés, des transferts budgétaires importants, des efforts de relocalisation de l'industrie chinoise. Cette politique a bénéficié à certaines provinces comme la métropole de Chongqing et la province du Sichuan, dans l'ouest du pays, la Mongolie intérieure au nord ou le Hubei (où se situe Wuhan) au centre, sans avoir d'impact global. Les écarts de richesse ont cessé d'augmenter mais n'ont pas véritablement diminué. Le chantier du rattrapage régional reste donc en devenir, comme celui de la réduction des inégalités.

Les promesses incertaines de la prospérité commune

Après les succès enregistrés dans l'éradication de l'extrême pauvreté, considérée comme achevée en 2020, l'attention du gouvernement se porte sur les inégalités elles-mêmes, avec le slogan de la « prospérité commune » porté par Xi Jinping. Il détaille sa vision lors d'une réunion de la Commission économique et financière du Comité central du parti communiste en août 2021. Il s'agit de construire pas à pas une distribution des richesses ayant la forme d'une olive, où les classes moyennes occupent la partie centrale. Les riches ou très riches doivent renoncer aux gains illicites ou « déraisonnables » et doivent contribuer davantage à la société. Il faut par ailleurs mieux éduquer les plus pauvres et revaloriser leurs salaires, notamment en poursuivant l'effort d'urbanisation. Le gouvernement doit cependant éviter la « trappe de l'État providence qui soutiendrait les paresseux ». Un point que Xi Jinping prend soin de réexpliquer lors du forum de Davos en janvier 2022. Il ne s'agit pas d'une politique égalitariste. Il faut d'abord « faire grossir la tarte, puis la diviser convenablement par les moyens institutionnels appropriés ».

En pratique, les riches et les très riches ont compris le message. La philanthropie chinoise, qui était très modeste auparavant, a enregistré un bond en 2021. Les deux géants de la Tech chinoise, Tencent et Alibaba, ont dirigé le mouvement en donnant respectivement 8 et 15 milliards de dollars. Mais la redistribution des richesses n'en est qu'à ses premiers pas. Deux chantiers principaux sont en cours d'étude : la revalorisation des revenus et la fiscalité.

Le revenu disponible moyen est encore modeste (350 euros par mois en 2020). Avec les leviers dont il dispose à travers les sociétés d'État et le rôle des comités du parti dans les entreprises privées, le PCC peut orchestrer une progression régulière des revenus disponibles de la classe moyenne qui reste compatible avec le rythme de la croissance. Un programme pilote a été annoncé dans le Zhejiang, province riche de la côte est dont Xi Jinping fut premier secrétaire du parti communiste entre 2002 et 2007. La province se fixe pour objectif de doubler d'ici 2025 le revenu disponible moyen pour le porter à un peu plus de 800 euros par mois, ce qui permettrait d'élargir la proportion de la classe moyenne à 80 % de la population totale du Zhejiang. La méthode testée dans le Zhejiang serait par la suite étendue à l'ensemble du pays.

Il y a par ailleurs beaucoup à faire en matière de fiscalité. La Chine est une forme de paradis fiscal pour les riches, presque comparable à Singapour. L'impôt sur les successions n'existe pas. Il n'y a pas de taxe sur les transactions financières, pas d'imposition des plus-values financières, pas de taxe foncière. Les propriétaires de résidences principales (80 % des ménages chinois) ne paient pas d'impôt sur les plus-values foncières. L'impôt sur les revenus n'est payé que par une très faible proportion de la population (moins de 4 %) et ne rapporte que 6 % des recettes fiscales. En bref, un jeune Chinois de famille riche a toutes les chances de le rester, même en étant rentier. Or le gouvernement a beaucoup de mal à progresser sur les dossiers fiscaux. Une réforme récente de l'impôt sur les revenus n'a pas fondamentalement modifié son faible rendement. L'introduction d'une taxe foncière fait l'objet de débats et d'expérimentations depuis plus de dix ans. Le marasme actuel de l'immobilier a conduit le gouvernement à la reporter de nouveau en 2022 pour ne pas affaiblir davantage le marché.

On ne voit pas très bien à ce stade comment la Chine va réduire les inégalités de revenus, et surtout de patrimoine. Les 10 % les plus riches détiennent plus des deux tiers du patrimoine national, un niveau proche de celui des États-Unis. Or la croissance inclusive est une des conditions indispensables pour soutenir la demande intérieure.

La bataille technologique

Le rattrapage technologique de la Chine s'est fait pendant longtemps en coopération avec les pays développés. Dès janvier 1979, Deng Xiaoping signe, lors d'un voyage aux

États-Unis, un accord bilatéral de coopération scientifique et technologique qui inaugure trois décennies de travail en commun, avec la signature d'une trentaine de protocoles d'accords sectoriels, et l'accueil aux États-Unis de centaines de milliers de chercheurs et d'étudiants. Cette coopération est suspendue durant quelques années après la répression sanglante de la place Tiananmen, en 1989, mais elle reprend son cours par la suite. Le présupposé de l'époque était que la prospérité de la Chine serait bonne pour le monde et allait faciliter une convergence progressive avec l'Occident, d'abord économique puis politique. Les négociations pour l'entrée de la Chine à l'OMC ont été longues et difficiles, mais elles aboutissent en 2001 à un accord qui permet à la Chine de devenir l'usine du monde.

L'arrivée au pouvoir de Xi Jinping et la publication en 2015 du plan « China 2025 » changent la donne. Donald Trump inaugure une politique de confrontation commerciale, puis technologique, qui devient une donnée permanente de la politique américaine à l'égard de Pékin. L'Union européenne voit également la Chine avec une frustration croissante, et qualifie désormais le pays de « rival systémique » sur un certain nombre de sujets.

On parle beaucoup depuis une dizaine d'années du pillage technologique orchestré par l'État et les entreprises chinoises. La réalité est sans doute un peu plus complexe. Dans de nombreux cas, la Chine n'a pas eu besoin de pratiques illégales. Elle a profité de la taille de son marché intérieur, de la concurrence entre les multinationales occidentales ou des failles des accords internationaux pour pousser son avantage. Prenons trois exemples.

Au début des années 2000, les sociétés européennes détiennent 80 % du marché chinois des éoliennes, qui est à l'époque embryonnaire (à peine l'équivalent d'une centrale nucléaire). Sous l'impulsion du gouvernement, les sociétés chinoises achètent les technologies de production d'éoliennes aux ingénieries européennes, principalement allemandes, qui sont ravies de les vendre, car elles n'ont pas d'activités de production. À partir de 2005, le gouvernement commence à passer des commandes publiques massives, qui sont réservées aux sociétés chinoises. Il peut le faire légalement, car la Chine n'a pas signé l'accord de l'OMC concernant les marchés publics. En 2010, la taille du marché chinois en capacité installée est multipliée par 30 et la part des sociétés chinoises est supérieure à 90 %. L'étape suivante est celle de l'offensive à l'exportation. Les exportations chinoises d'éoliennes sont multipliées par 4 entre 2011 et 2020, et couvrent 22 pays sur tous les continents. La poussée des ventes chinoises en Europe est telle que la sous-traitance danoise du leader européen Vestas s'organise pour survivre en devenant également sous-traitante des géants chinois de l'éolien. Cette percée en Europe était possible car l'Union européenne n'avait pas de clause de réciprocité avec les pays tiers dans l'accès aux marchés publics.

La domination de la Chine sur le marché des trains à grande vitesse est acquise différemment. Le ministère des Chemins de fer lance dans les années 2000 des commandes massives en mettant en concurrence les géants occidentaux du secteur : Alstom pour la France, Bombardier au Canada, Siemens en Allemagne et Mitsubishi au Japon. Les contrats sont très juteux mais toujours assortis d'obligations de transfert de technologie. Le gouvernement chinois refuse par ailleurs de créer des coentreprises sur le modèle de ce qui s'était fait précédemment dans l'automobile. Au bout de dix ans, le rattrapage technologique est acquis, et l'industrie chinoise peut accompagner seule le développement du réseau chinois, qui devient de loin le premier réseau mondial, avec 38 000 km de lignes installées en 2020 contre un peu moins de 10 000 km en Europe.

Le rattrapage technologique passe aussi par l'investissement direct à l'étranger. En 2016, l'Allemagne découvre avec stupeur que l'un des fleurons de son industrie robotique, la société Kuka, a été racheté par Midea, le géant chinois des climatiseurs et produits de construction. Le patron allemand de la société est maintenu dans ses fonctions pour rassurer l'opinion publique, avant d'être remplacé deux ans plus tard par un dirigeant chinois. Aucune clause de réciprocité n'existait à l'époque en Europe vis-à-vis des investissements chinois.

Ces succès rapides du passé ne sont sans doute pas reproductibles aujourd'hui. La surveillance des investissements chinois est étroite aux États-Unis et plus récemment en Europe avec un système d'alerte croisé entre les États-membres et la Commission européenne. En pratique, les investissements chinois en Occident ont fortement diminué depuis trois ans. L'accès des sociétés chinoises aux marchés publics européens va devenir plus difficile. Après de longues négociations, un accord politique est intervenu en mars 2022 entre les institutions européennes (Parlement, Conseil européen et Commission) pour la création d'une clause de réciprocité dans les marchés publics.

Pour l'avenir, le principal problème de la Chine est la multiplication des restrictions aux transferts de technologie et à la fourniture de composants clés par les autorités américaines. Un seul exemple : Huawei, touché de plein fouet par les interdictions de vente concernant les technologies et les composants clés des téléphones mobiles, a perdu près de 30 % de son chiffre d'affaires en 2021. Le talon d'Achille du pays en matière de rattrapage technologique est celui des semi-conducteurs. L'industrie chinoise du secteur est puissante. Elle représente près de 10 % du marché mondial, au coude-à-coude avec Taïwan, avec une progression rapide soutenue par les énormes subventions que lui accorde le gouvernement. Mais elle est dépendante à près de 90 % des technologies étrangères – principalement américaines et asiatiques – pour un certain nombre de composants clés comme les microprocesseurs de dernière génération ou les équipements de fonderie qui leur sont associés. Sans coopération avec les détenteurs de ces technologies, la Chine mettra beaucoup de temps à réussir son rattrapage, si elle y parvient. Les estimations des analystes se situent autour d'une quinzaine d'années.

Est-ce que les difficultés du rattrapage technologique affectent le potentiel de croissance de l'économie chinoise ? Pas nécessairement. L'industrie chinoise des semi-conducteurs se rabat sur la production de composants moins avancés qui répondent à de nombreux besoins. Son chiffre d'affaires a augmenté de 30 % en 2021 et ses perspectives à cinq ans restent bonnes. En revanche, le pari de Xi Jinping consistant à faire de la Chine un leader technologique incontesté dans tous les domaines en 2035 est clairement en question.

Les promesses du numérique

Il y a par ailleurs un domaine où le leadership chinois n'est pas contestable, qui est l'écosystème de l'économie numérique. À l'échelle mondiale, les États-Unis et la Chine sont les deux acteurs dominants du numérique. Les seules entreprises à pouvoir se comparer aux GAFAM[184] américains sont les BATX chinois. Même si la capitalisation boursière des géants de la Tech chinoise a perdu une partie de son lustre, elle reste très supérieure à celle des autres acteurs asiatiques ou européens. La Chine est de loin le premier marché mondial du commerce électronique grand public (le *B to C*, en anglais), et les nouveaux modèles économiques déployés en Chine font référence pour le reste du monde. D'après un rapport de la Conférence des Nations unies sur le commerce et le développement (CNUCED)[185], les entreprises américaines et chinoises détiennent conjointement les trois quarts des brevets mondiaux de la *blockchain* et du marché des plateformes de données. Entendue au sens

184. L'acronyme GAFAM désigne Google, Amazon, Facebook, Apple et Microsoft aux États-Unis. L'acronyme BATX désigne Baidu, Alibaba, Tencent et Xiaomi.

185. Rapport sur l'économie digitale 2019, CNUCED.

large[186], l'économie numérique représenterait près de 30 % de l'économie chinoise et 22 % de l'économie américaine, pour une moyenne de 15 % à l'échelle mondiale. Les géants chinois du numérique sont aussi des investisseurs importants dans le monde. Ils jouent un rôle clé dans le développement du numérique en Asie du Sud-Est et en Afrique. Le numérique rééquilibre donc la bataille technologique avec l'Occident. Il permet à la Chine de s'appuyer sur la taille du marché chinois pour multiplier les innovations à grande échelle, avec une nouvelle classe d'entrepreneurs qui s'est révélée aussi conquérante que celle des États-Unis.

La future bataille de la suprématie monétaire

Le domaine où la Chine reste en position de faiblesse structurelle à l'échelle internationale est celui de la monnaie. Le gouvernement a entrepris depuis une quinzaine d'années une politique active d'internationalisation du yuan, sans réellement menacer la suprématie du dollar. Après quinze ans d'efforts, le yuan ne représente que 20 % des échanges extérieurs du pays, 2,4 % des réserves des banques centrales dans le monde, 2,5 % des transactions du système d'échanges SWIFT[187] et 9 % des actifs financiers asiatiques, alors que le dollar constitue encore 80 % des échanges extérieurs

186. La définition large de l'économie numérique inclut à la fois tous les équipements et services informatiques et de télécommunication, le commerce électronique pour les entreprises et les personnes, l'intelligence artificielle, les plateformes et l'industrie 4.0.

187. SWIFT est le système de règlement en devises utilisé par la quasi-totalité des institutions financières mondiales.

des pays asiatiques, près de 60 % des réserves des banques centrales du monde et 50 % des actifs financiers asiatiques. La Chine a procédé par étapes prudentes, car elle ne veut pas perdre le contrôle des transactions financières avec le reste du monde. Une libéralisation complète de ces transactions pourrait déstabiliser le yuan et provoquer des chocs conjoncturels incompatibles avec l'objectif de stabilité qui demeure une priorité fondamentale de la politique économique chinoise.

La guerre en Ukraine accroît l'enjeu, car la Chine a découvert que les Américains et les Européens pouvaient conjointement sanctionner les banques russes utilisant le système SWIFT et geler une partie des avoirs de la Banque centrale russe. Comme le déclare Yu Yongding, un économiste chinois réputé : « Nous n'avions jamais pensé que les États-Unis gèleraient les réserves de change d'un pays en une journée. Et cette action affecte fondamentalement la crédibilité du système financier international[188]. » La Chine détient plus de 1 000 milliards de dollars de bons du trésor américain dans ses réserves de change, et une large majorité des 3 200 milliards de dollars d'actifs de la Banque centrale sont libellés en dollars. Les risques de sanctions financières – qui pourraient se concrétiser si la Chine décide d'envahir Taïwan – vont conduire les autorités chinoises à rechercher une plus grande autonomie monétaire par tous les moyens.

L'un des instruments possibles de cette plus grande autonomie est le yuan digital, qui permet à la Banque centrale

188. Yu Yongding, « La Chine se précipite pour se mettre à l'abri des armes financières occidentales », *Nikkei Asia*, 13 avril 2022.

de distribuer des yuans directement, en contournant si nécessaire les réseaux bancaires nationaux et internationaux. Le e-yuan, lancé par la Chine, a pour le moment une distribution interne et commence à se substituer aux monnaies digitales des géants de la Tech chinoise. Des expérimentations commencent déjà à l'international avec certains pays d'Asie du Sud-Est. Le processus risque cependant d'être long, avec pour les partenaires de la Chine une inversion du risque : alors que l'usage de l'arme financière par les États-Unis était un risque connu et limité à certains pays (Iran, Corée du Nord, Russie), le e-yuan donnerait à la Chine la possibilité de sanctionner également les partenaires devenus non coopératifs, avec une transparence parfaite des transactions en monnaie digitale et la possibilité d'agir à l'égard de n'importe qui à n'importe quel moment. Autant dire que tout le monde ne se précipitera pas pour placer les échanges commerciaux ou financiers avec la Chine sous le contrôle total de sa Banque centrale. La suprématie du dollar n'est pas éternelle, mais peut encore durer deux ou trois décennies.

Les leçons de la pandémie

Un dernier enjeu, peut-être le plus important, est celui du dogmatisme de la politique chinoise de l'ère Xi Jinping, dont l'exemple le plus parlant est celui de la lutte contre la pandémie. Après des succès incontestables en 2020, la Chine a fini par s'épuiser dans une bataille sans fin pour l'éradication du Covid-19 face à un virus en mutation permanente. Ce qui s'est passé à Shanghai, à Pékin et dans une bonne partie du pays au printemps 2022 a démontré l'absurdité d'une stratégie totalement rigide, qui a conduit au chaos économique, à des privations de liberté démesurées, et à une augmentation de la mortalité « hors Covid ».

La bataille interne au sein du Parti pour ajuster voire drastiquement modifier la doctrine des autorités a pris de l'ampleur. En mai 2022, le Premier ministre Li Keqiang organisait une très vaste réunion en ligne, à laquelle participaient l'ensemble du gouvernement, tous les responsables des provinces, et jusqu'à ceux des cantons et districts, au total près de 100 000 personnes, pour évoquer la relance de l'économie chinoise après deux mois de confinement des populations à Shanghai et dans 45 villes du pays. Cette réunion faisait écho à celle organisée par Liu Shaoqi en 1962, lorsqu'il était président de la République populaire de Chine, pour mettre fin aux errements du Grand Bond en avant.

Certains observateurs évoquent la possibilité qu'une « nouvelle page » s'ouvre dans la conduite du pays, d'autres sont beaucoup plus sceptiques, car Xi Jinping travaille depuis dix ans à la consolidation de son pouvoir.

Il faut revenir, en conclusion, à la question posée au départ dans ce chapitre. La Chine n'est pas une économie aux pieds d'argile, mais ses jambes sont devenues plus lourdes et elle avancera avec davantage de lenteur. Les handicaps auxquels elle fait face désormais ne l'empêcheront sans doute pas de poursuivre son rattrapage pendant encore dix à quinze ans pour devenir la première économie mondiale dans les années 2030, sans pour autant devenir une hyperpuissance sur le modèle américain d'après-guerre. Il lui faudra cependant remplir deux conditions fondamentales pour y parvenir : réussir sa transition vers un développement réellement durable et revenir à une gestion pragmatique de la politique économique en s'écartant des tentations néo-maoïstes actuelles.

CONCLUSION

La Chine et le reste du monde en sont arrivés à un moment de vérité. Longtemps crédule et naïf à l'égard de ce pays immense, l'Occident réalise aujourd'hui à quel point le régime chinois leur a menti, et cela dans les domaines du commerce, de l'économie, par le pillage des technologies, mais aussi dans le domaine militaire, sans parler de l'espionnage, de l'emprise politique et idéologique, de la désinformation, de son désir de conquête et de ses visées planétaires.

La réalité d'aujourd'hui est celle d'une Chine dont l'un des objectifs non avoués est de dominer le monde. Cette volonté passe par le remplacement de la puissance américaine, la suprématie économique et la prise de contrôle progressive de tous les leviers du pouvoir qu'apportent les principales institutions internationales, dont tout particulièrement les Nations unies.

Cette prise de conscience qui progresse depuis quelques années est arrivée à un moment où le régime chinois était en passe de réussir. Si l'Occident avait encore tardé, il aurait probablement été trop tard pour contrecarrer les plans de la Chine. Il s'agit d'une véritable course de vitesse entre, d'un côté, le monde autoritaire et, de l'autre, celui de la démocratie.

La Chine avait pris la tête de ce jeu planétaire. L'entrisme du pays s'est très nettement accéléré depuis l'arrivée au pouvoir de Xi Jinping en 2012. Passé cette date, les autorités chinoises sont devenues brutales et décomplexées, sûres qu'elles étaient de parvenir à endiguer toute résistance grave à sa puissante sphère d'influence en Asie, en Afrique mais aussi en Amérique latine et, bien sûr, en Europe.

On se souvient de cette formule célèbre de Deng Xiaoping : « Avançons cachés, masquons nos talents. » Cette Chine modeste n'est plus, ayant laissé la place à cette diplomatie des « loups guerriers » dont les ambassadeurs sont devenus les représentants souvent agressifs et toujours prêts à donner des leçons.

Le dernier carré de cette résistance était les États-Unis où, là aussi, les administrations successives ont fait preuve d'une naïveté surprenante. Jusqu'à l'arrivée à la Maison-Blanche de Joe Biden. C'est lui qui a compris à quel point l'ennemi juré est en réalité la Chine.

Son prédécesseur, Donald Trump, avait certes été le premier à prendre le taureau par les cornes en osant affronter la Chine. Avec lui, les États-Unis commençaient à adopter une stratégie nouvelle à l'égard de ce pays. La relation avec la Chine était l'un des rares sujets où il existait un accord bipartisan entre conservateurs et démocrates. Mais son domaine d'action était limité au commerce et aux technologies, car Donald Trump n'était qu'un roi du béton. Tandis que Joe Biden, malgré son âge, a étendu la confrontation avec la Chine aux domaines politique et surtout géostratégique.

Il est celui qui a pris conscience des enjeux stratégiques de la rivalité sino-américaine, et de la guerre idéologique que les États-Unis étaient en passe de perdre au profit du colosse chinois. Si tel avait été le cas, cette déroute aurait eu pour conséquence rien de moins que le triomphe du monde autoritaire sur celui des valeurs universelles. Au côté de la Chine, des pays tels que la Corée du Nord, le Vietnam, la Russie, la Biélorussie auraient à leur tour émergé sur la scène internationale, et le monde occidental aurait probablement perdu la guerre idéologique. Le régime chinois aurait alors eu les coudées franches pour envahir Taïwan sans que ni les États-Unis ni le Japon et leurs autres alliés en Indopacifique ne puissent plus rien faire.

La région indopacifique, la zone qui depuis plus de vingt ans concentre le réservoir de puissance économique et politique de la planète, aurait probablement basculé dans le giron de la Chine, qui aurait alors accédé à ce statut dont elle rêve de superpuissance mondiale.

Fort heureusement, les choses ne se passent pas comme prévu. Cette prise de conscience a en effet généré une très profonde réévaluation de la situation du monde et de son avenir. À la désillusion occidentale sur ce que représente le marché chinois, au désir de nombreux pays de retrouver leur souveraineté économique, industrielle et technologique s'ajoute cette incroyable redistribution des cartes géopolitiques provoquée par la guerre que la Russie livre à l'Ukraine depuis le 24 février 2022.

Vladimir Poutine a commis une très grave erreur de jugement, sous-estimant l'incroyable élan de solidarité que ce conflit a suscité en Occident et même au-delà. Cette guerre a entraîné un bouleversement complet des alliances géostratégiques. C'est ainsi que l'Union européenne a réussi en l'espace de six semaines ce qu'elle n'était pas parvenue à faire depuis trente ans. En effet, la guerre en Ukraine et les destructions massives et les souffrances qu'elle a engendrées ont provoqué en Europe un sursaut politique, à la fois militaire, énergétique et politique.

Partout, en Occident, les liens se sont resserrés, mais cette situation pourrait changer si ce conflit devait s'éterniser. L'OTAN, dont Emmanuel Macron estimait encore en 2021 qu'elle se trouvait en « mort cérébrale », n'a jamais été aussi vivante qu'aujourd'hui. Des pays attachés à leur indépendance, comme la Suède et la Finlande, ont frappé à la porte de l'Alliance atlantique pour en devenir membres. Mais, là aussi, la prudence s'impose, car l'OTAN demeure très critiquée dans de nombreux pays émergents et rien ne dit que sa vigueur actuelle résistera à l'épreuve du temps.

La Suisse, dont on connaît le farouche attachement à la neutralité, est sortie de sa réserve. L'Allemagne, durablement plombée par son histoire pendant la Seconde Guerre mondiale, a compris qu'il était désormais urgent de se réarmer massivement.

Les pays baltes et la Pologne, aux avant-postes de la résistance à cette Russie qui se prenait à rêver de retrouver sa puissance impérialiste passée, ont joué un rôle central dans ce travail de rassemblement des forces européennes, et l'on parle maintenant de la nécessité de mettre en place une Europe de la défense.

Les principaux dirigeants européens se sont tous rendus à Kiev pour exprimer leur solidarité avec l'Ukraine, y compris la présidente de la Commission européenne, Ursula von der Leyen. Les derniers en date ont été Emmanuel Macron et ses homologues allemand Olaf Scholz et italien Mario Draghi, le 16 juin 2022.

En Asie, la guerre en Ukraine a suscité une onde de choc qui va perdurer dans les années à venir et dont les conséquences sont, là aussi, considérables. Le Japon, dont la Constitution adoptée peu après sa reddition, en 1945, lui impose une neutralité militaire, a tourné la page et affirme son intention de jouer un rôle central en Asie.

Dans les pages qui précèdent, la perversité du régime communiste chinois a été exposée. Ces femmes chinoises, dont Mao Zedong avait coutume de dire qu'elles représentent la moitié du ciel, ont compris qu'elles ne jouaient quasiment aucun rôle politique et qu'elles sont encore bien souvent la cible d'un machisme ambiant enraciné dans la culture patriarcale de la Chine, concept repris presque à l'identique par le régime communiste, où il n'y a que les hommes qui décident.

Des scandales retentissants ont révélé des affaires de mœurs où l'on a vu le sort réservé à ces femmes devenues des esclaves sexuelles au service des puissants qui entretiennent des maîtresses souvent nombreuses. Des internautes ont mis en lumière sur les réseaux sociaux ce phénomène tenu secret mais répandu de la traite des femmes, y compris des mineures. Il n'est pas surprenant que leurs informations aient toutes été systématiquement censurées.

Le lecteur aura compris lui aussi à quel point la Chine contemporaine est devenue un univers de surveillance de tous les instants qui rappelle étrangement le livre prémonitoire de George Orwell, *1984*, où l'on voit la population étroitement surveillée par Big Brother. Une société chinoise devenue concentrationnaire où les citoyens sont épiés dans leurs moindres faits et gestes par des centaines de millions de caméras à reconnaissance faciale diaboliquement efficaces. L'intelligence artificielle au service du régime pour traquer toute forme de désobéissance civile et, surtout, de dissidence politique.

Comment passer sous silence le sort épouvantable de Claudia Mo, une ancienne journaliste de l'Agence France-Presse ? Elle a été arrêtée le 6 janvier 2021 puis incarcérée peu après dans une prison de Hong Kong où elle croupit depuis pour « sédition » et « intelligence avec des forces étrangères » pour avoir dénoncé en public les exactions commises par la police contre les manifestants dans les rues de l'ancienne colonie britannique et, plus généralement, l'emprise de Pékin sur Hong Kong. Son sort est emblématique de la situation tragique de Hong Kong.

Le 4 juin 1989, Claudia avait été témoin du massacre de la place Tiananmen, envoyée par l'AFP sur les lieux. « Dès mon arrivée sur la place Tiananmen, je pouvais sentir l'odeur de la poudre », avait-elle dit au quotidien anglophone de Hong Kong *South China Morning Post.* « J'ai alors vu des flaques de sang tout le long de l'avenue Chang An et j'entendais le bruit sourd que faisaient les convois de chars qui s'approchaient de la place », avait-elle ajouté. Ces événements avaient changé sa vie.

Ce jour-là, des centaines de manifestants, probablement autour de 2 700 selon plusieurs sources crédibles, ont été froidement abattus par des soldats de l'Armée populaire de libération, sur l'ordre de Deng Xiaoping. Plusieurs centaines de milliers de jeunes Chinois s'étaient rassemblés depuis plusieurs semaines sur cette immense place au cœur de Pékin pour réclamer davantage de démocratie.

Après avoir quitté l'AFP en 1991, Claudia avait été élue au Legco, le parlement de Hong Kong, et était devenue une activiste connue très engagée pour le respect des droits humains à Hong Kong.

Aujourd'hui, Claudia attend son procès et risque la prison à vie, comme des dizaines d'autres militants pour la démocratie à Hong Kong.

Le 6 janvier 2021 à l'aube, une bonne dizaine de policiers s'étaient présentés à son appartement et s'étaient mis à frapper furieusement à sa porte. La femme de chambre de Claudia avait alors entrouvert la porte. « Ils se sont comportés comme des sauvages » lorsqu'ils sont entrés dans l'appartement, raconte un témoin de la scène cité par le quotidien britannique *Financial Times* le 24 janvier 2022. Après l'avoir conduite au commissariat d'Aberdeen, les policiers lui avaient immédiatement confisqué son ordinateur et son téléphone.

Claudia avait alors 64 ans et son mari, de nationalité britannique, Philip Bowring, 79 ans. Ils s'étaient connus au Club de la presse étrangère à Hong Kong, lui travaillant alors pour le *Financial Times*. Ils ont deux fils, Simon et Gavin.

Depuis son incarcération, les droits de visite sont réduits au minimum. L'un de ses visiteurs habituels était le cardinal Joseph Zen, 90 ans, une personnalité très respectée à Hong Kong, lui-même arrêté en mai 2022 puis relâché.

« En voyant et écoutant les interviews et déclarations musclées, courageuses de Claudia, je m'inquiétais des risques qu'elle prenait pour sa liberté. Mais il était inutile de tenter de la modérer. C'est un caractère, une personnalité exceptionnelle », souligne Georges Biannic, qui était alors directeur régional de l'AFP pour l'Asie-Pacifique à Hong Kong. « Je l'ai recrutée au bureau régional de l'AFP à Hong Kong en 1984 où elle a exercé son métier de grand reporter avec un professionnalisme et un talent qui lui ont valu des reprises dans la presse mondiale, notamment pour sa couverture des événements de Tiananmen. Tous ses collègues l'admiraient. Plus encore aujourd'hui qu'elle est prisonnière politique », ajoute-t-il.

Sur le plan économique, on commence à comprendre que la Chine ne sera peut-être jamais la première puissance mondiale, en raison de cet effet ciseaux d'un pays confronté à un brutal ralentissement de sa croissance conjugué à une démographie en panne. Longtemps, les partenaires de la Chine ont cru à cet immense marché d'un pays où le PIB par habitant a été multiplié par 12 entre 1978 et 2008. Or voilà que ce mirage s'estompe, au point de s'interroger sur l'avenir social de la Chine.

Ce pays est tellement endetté qu'il doit réduire les ambitions de son programme pharaonique des nouvelles routes de la Soie. Les défis économiques de la Chine n'ont jamais été aussi graves depuis plus de trente ans. Le chômage grimpe en flèche. C'est ainsi que le taux de chômage des jeunes atteignait 18,4 % en mai 2022, soit bien plus qu'en Europe (13,9 %) ou aux États-Unis (8,6 %). La situation de l'emploi est « complexe et grave », avait averti le Premier ministre Li Keqiang en mars. Des chiffres officiels qui ne traduisent qu'une partie de la réalité, puisqu'ils n'intègrent pas les travailleurs migrants, ces ruraux chinois qui, désespérés, cherchent du travail dans les villes, où ils n'ont aucun statut, et qui sont des millions à se présenter au petit matin dans les banlieues, devant des employeurs potentiels, dans l'espoir d'une journée de labeur mal payée. Le nombre réel de chômeurs est donc sans aucun doute beaucoup plus élevé. Voilà qui suscite des risques d'instabilité sociale.

Un autre chapitre de ce livre explique dans le détail cette vaste entreprise d'espionnage du régime chinois dont les tentacules s'étendent aux quatre coins du monde. Une mécanique qui permet à Pékin de prendre le contrôle des hommes politiques de premier plan et de surveiller étroitement la diaspora chinoise partout où elle se trouve. Taïwan est une cible prioritaire de ces réseaux.

D'autre part, les soupçons se renforcent sur l'origine du coronavirus, sujet ultrasensible sur lequel le régime chinois a menti et continue de mentir. Après avoir été longtemps accommodant avec la Chine, le directeur général de l'Organisation mondiale de la santé (OMS), Tedros Adhanom Ghebreyesus, a clairement laissé entendre fin juin 2022 que la pandémie est probablement due à une fuite de laboratoire[189]. Rappelons que le bilan de cette pandémie était, fin juin 2022, de 15,4 millions de morts selon l'OMS, qui précise que le chiffre réel est sans doute très supérieur.

S'agissant du changement climatique, la Chine est depuis longtemps déjà le plus grand pollueur de la planète. Xi Jinping a promis que son pays atteindrait la neutralité carbone avant 2060, un objectif jugé ambitieux et difficile à tenir, même s'il est patent que l'administration chinoise est très mobilisée pour y parvenir. Mais l'un des buts est de convaincre l'opinion mondiale de la volonté de Pékin de remplir ses responsabilités vis-à-vis de la planète. Pour autant, la grave pénurie en électricité constatée à l'automne 2021 a poussé les autorités chinoises à relancer la construction de centrales à charbon.

Le temps est donc venu pour l'Occident, mais pas seulement lui, de procéder à un examen approfondi de la nature de ses liens avec la Chine, presque toujours fondés sur la recherche effrénée du gain. Il est plus que jamais nécessaire de prendre conscience du degré de dépendance auquel nous sommes arrivés avec la Chine et de prendre des décisions sans délai pour retrouver cette souveraineté qui nous échappe dans les domaines de la santé, de l'énergie, de l'industrie et des hautes technologies.

Le constat est celui d'une Chine qui, peu à peu, perd de son lustre. Ce phénomène est clair pour l'Occident, mais il

189. *Daily Mail* du 18 juin 2022.

commence aussi à poindre dans d'autres régions du monde. Dans ce monde multipolaire qui se dessine aujourd'hui, la Chine, deuxième géant économique de la planète, serait alors reléguée à un statut de grand pays par sa géographie et sa population, tout en n'étant qu'une puissance moyenne sur les plans idéologique, politique et géostratégique, du fait d'un isolement croissant sur la scène internationale. Un rêve de puissance qui s'évanouit ?

Conséquence de cette Chine jugée menaçante, son image à l'étranger ne cesse de se dégrader. Selon une enquête du centre de recherche américain Pew dans dix-neuf pays, les principales causes de cette image abîmée sont sa puissance militaire et économique accrue, ses pratiques en matière de droits humains, ainsi que des questions sur l'origine du Covid-19. Une proportion record d'Américains (82 %), de Sud-Coréens (80 %), d'Allemands (74 %) et de Canadiens (74 %) a ainsi une opinion défavorable de la Chine. L'impopularité chinoise atteint aussi des niveaux inégalés au Japon (87 %), en Australie (86 %) et en Suède (83 %). Les Français voient également Pékin d'un mauvais œil, 68 % d'entre eux en ayant une opinion défavorable. La réputation chinoise a particulièrement souffert en Corée du Sud après les représailles économiques engagées par Pékin contre Séoul en 2017, à la suite de l'installation d'un système antimissile pourtant destiné à parer une éventuelle attaque de la Corée du Nord, pas de la Chine. L'image de la Chine s'est même assombrie auprès de nations avec lesquelles elle entretient de meilleures relations, comme la Grèce, où 50 % des personnes interrogées en avaient une opinion défavorable, du jamais-vu. En Israël, où les opinions favorables et défavorables étaient presque équivalentes, la plupart des répondants souhaitaient que priorité soit donnée aux relations économiques, même sans soulever la question des droits humains. L'étude portait sur les réponses de 24 525 adultes interrogés entre le 14 février et le 3 juin.

Dans ce monde troublé, plus que le Russe Vladimir Poutine, c'est Xi Jinping qui incarne aujourd'hui l'échec du rêve libéral qui voulait que la réussite économique et l'essor des classes moyennes conduisent par la force des choses à la démocratie et donc à la paix. Or la caractéristique commune des régimes autoritaires est bien la détestation de l'Occident, et ce dans maints domaines. Il est à craindre que la Chine l'emporte si Américains et Européens ne font pas front commun. De quel côté va pencher la balance entre le monde libéral et le monde autocratique dans les années à venir ? L'équilibre est-il possible ? Les excès en matière de droits humains se retournent aujourd'hui contre un régime communiste terrifiant qui ne peut plus guère cacher au monde l'univers de souffrances et de remises en question d'une partie de sa population restée jusque-là soumise et subjuguée, mais qui commence à se faire entendre. Un pays au bord de l'abîme ? Là aussi, la question est posée sans que l'on puisse y répondre de façon définitive.

Il reste cependant, face au continent chinois menaçant, Taïwan. L'ancienne Formose offre une variante démocratique vivante et dynamique au monde chinois. Cette île d'à peine 24 millions d'âmes prouve chaque jour que la démocratie n'est en rien étrangère à la culture chinoise, contrairement à ce qu'affirment certains « experts ». Car l'évidence qui s'impose est que les valeurs universelles le sont pour tous les Terriens. Ainsi, Taïwan représente un espoir pour l'ensemble de ce monde chinois, que ce soit le continent ou les diasporas chinoises à travers la planète.

En filigrane se dessine le combat engagé entre les régimes totalitaires d'un côté et un monde démocratique de l'autre, qui semble se rétrécir et devenir une citadelle assiégée. Dans ce monde d'aujourd'hui qui se pose des questions existentielles sur son destin comme jamais auparavant, bien malin celui qui saurait prédire quel sera le gagnant de cette guerre à outrance, car si les travers et la vraie nature des régimes despotiques et tyranniques se révèlent chaque jour davantage aux yeux du monde, les démocraties paraissent bien faibles pour résister à leurs assauts incessants.

Aux États-Unis, pays qui était pour beaucoup l'étendard de la démocratie au sortir de la Seconde Guerre mondiale, les tueries sanglantes se multiplient dans les écoles, les universités et ailleurs, sans pour autant troubler la toute-puissance du lobby qui entretient la fascination des Américains pour les armes. En outre, le droit à l'avortement est maintenant nié par la Cour suprême américaine, une tragédie qui traduit un bond en arrière d'un siècle pour celles et ceux qui combattent sans relâche pour les droits des femmes dans ce pays. Le racisme y a encore droit de cité et, les ravages de la pandémie aidant, les haines s'exacerbent contre les populations asiatiques, prises pour cibles de façon gratuite et indiscriminée.

Dans bien des pays dits « démocratiques », les populistes et les démagogues font recette auprès de populations toujours aussi crédules, au point que l'on s'interroge sur la solidité des institutions dites « démocratiques ». Avec en arrière-plan beaucoup d'autres interrogations que suscitent notamment les violences faites aux femmes, un sujet majeur soulevé grâce à la libération de leur parole, désormais plus écoutée qu'elle ne l'a jamais été.

À l'information, qui n'a jamais autant circulé dans ce monde qui a soif de connaissances et de vérité, s'oppose la désinformation, dont les deux grands acteurs sont la Russie et surtout la Chine. Dans ce pays, des centaines de milliers de petites mains travaillent jour et nuit dans l'ombre pour censurer ce qui dérange l'ordre établi et inonder le monde de *fake news*. Des tombereaux de fausses nouvelles déversées chaque jour pour manipuler les opinions publiques et casser les ressorts des systèmes démocratiques. Dans ce registre obscurantiste, la Chine a été l'élève studieux et appliqué de l'Union soviétique de l'époque. Aujourd'hui, l'élève a largement dépassé le maître.

Voilà pourquoi, alors que le XXIe siècle est déjà bien entamé, il nous arrive de plus en plus souvent que l'optimisme cède le pas au pessimisme, avec une Chine communiste qui semble avoir encore de beaux jours devant elle. Si bien que se pose la question centrale : après plusieurs millénaires de servage, les Chinois parviendront-ils à se libérer de leurs chaînes et à devenir libres à leur tour ? Ce jour-là, la nation chinoise pourra enfin apporter son génie dans la construction du monde de demain.

LES AUTEURS

Pierre-Antoine Donnet a étudié l'histoire avant d'intégrer l'Institut d'études politiques de Strasbourg (Sciences Po) puis l'INALCO en chinois. Sa carrière de journaliste à l'internationale l'a mené, pour l'AFP, de Pékin à New York en passant par le Moyen-Orient. Spécialiste de la Chine et du Tibet, il a publié *Tibet mort ou vif*, publié par Gallimard en 1990 et traduit en chinois, anglais, japonais et polonais, ainsi que *Chine, le grand prédateur*, paru aux éditions de l'Aube en 2021, également traduit en chinois, japonais, anglais et hindi. Il collabore depuis 2020 au site Asialyst, qui produit du contenu gratuit et spécialisé sur l'Asie. Il a assuré la coordination du présent ouvrage.

Alain Wang, sinologue, enseignant à CentraleSupélec et à l'Institut français de la mode, expert auprès de l'Association progrès du management (APM). Il s'intéresse aux évolutions de la société chinoise, et plus particulièrement au développement des outils du contrôle de masse grâce aux technologies basées sur les algorithmes de l'intelligence artificielle. Il a publié en 2018, aux éditions Tallandier, collection TEXTO, le livre *Les Chinois*, ainsi que « Les nouveaux outils numériques de la dictature chinoise », article paru en 2020 dans la revue *Politique Internationale* n° 168. Il a participé au documentaire *Tous surveillés, 7 milliards de suspects* qui a été récompensé par le prix Albert-Londres 2020.

Roger Faligot est écrivain et reporter. À partir de la Bretagne, il sillonne depuis des décennies les routes du monde et remonte scrupuleusement le cours du temps sur les traces des facettes méconnues de l'histoire, en particulier celle du monde du renseignement. Sa passion pour les langues, les enquêtes historiques et les reportages a donné jour à une bibliographie foisonnante d'une cinquantaine d'ouvrages documentaires ou de romans sur le thème de l'histoire asiatique et européenne, sur la Bretagne et le monde celtique. Ses livres d'enquête sur les services de renseignement chinois ont connu un vif succès, dont le dernier en date, *Les Services secrets chinois. De Mao au Covid-19*, a été publié en poche chez Chronos/Nouveau Monde en 2022. Ils ont été traduits dans une dizaine de pays, et récemment en anglais sous le titre *Chinese Spies* (en Inde, Grande-Bretagne, Australie, USA).

Valérie Niquet est responsable du pôle Asie à la Fondation pour la recherche stratégique (FRS). Elle a été directrice du Centre Asie de l'IFRI dans lequel elle a créé plusieurs programmes d'études sur la Chine, l'Inde et le Japon. Elle est la traductrice de deux œuvres majeures de la stratégie chinoise (*L'Art de la guerre* de Sun Zi et le *Traité militaire* de Sun Bin). Valérie Niquet est également l'auteure de nombreux articles et ouvrages consacrés aux relations internationales et aux questions stratégiques en Asie. Ses deux derniers ouvrages

Le Japon en 100 questions et *La Chine en 100 questions* ont été publiés en 2021 chez Tallandier. Valérie Niquet est maître de recherches associé au JIIA (Japan Institute for International Studies) et chargée de cours à l'université Keio de Tokyo.

Tamara Lui, née en Chine, passe son adolescence à Hong Kong avant de faire ses études supérieures en France. Elle travaille comme correspondante en Europe de 2001-2006 pour Phoenix Satellite Television basée à Hong Kong, puis dirige le bureau parisien pour le quotidien *Sing Tao Daily* jusqu'en 2014. Depuis 2017, elle s'intéresse à la société civile et aux conditions des femmes et des ouvriers en Chine sur un plan journalistique, et elle enquête comme chercheuse indépendante auprès des migrants âgés d'origine chinoise en France. Elle écrit pour les médias et les revues en chinois et en français.

Hubert Testard, a travaillé vingt ans en Asie comme conseiller économique et financier, sur des missions alliant l'analyse économique et financière, la diplomatie économique, l'appui aux entreprises françaises en Asie, l'aide au développement et le suivi de négociations bilatérales ou multilatérales. Désormais enseignant à la Paris School of International Affairs (PSIA) de l'Institut d'Etudes Politiques de Paris, son cours porte sur l'Asie dans trente ans et couvre les grands enjeux auxquels sont confrontés les pays asiatiques pour les décennies à venir. Il a contribué à l'ouvrage *Asie, les nouvelles règles du jeu*, paru aux éditions Picquier en 1998, et est le co-auteur de *Quand la Chine investit en France, enquête et portrait*, diffusé par l'Agence française pour les investissements internationaux en mars 2014.

MIXTE
Papier issu de sources responsables
FSC® C003309

L'éditeur de cet ouvrage s'engage dans une démarche
de certification FSC® qui contribue à la préservation
des forêts pour les générations futures.

Pour en savoir plus :
www.editis.com/engagement-rse/

Achevé d'imprimer par
Normandie Roto Impression s.a.s. à Lonrai
N° d'impression : 2204343

Imprimé en France